SEGUNDO LIBRO DE ROMANCES

JAIME CAMPMANY

SEGUNDO LIBRO DE ROMANCES

PRÓLOGO DE
ANTONIO HERRERO

ESPASA CALPE

TEXTOS ESCOGIDOS

Director Editorial: Javier de Juan y Peñalosa
Editora: Pilar Cortés

Diseño de cubierta: Ángel Sanz Martín
Fotografía de portada: Anna Löscher

Depósito legal: M. 11.637-1995
ISBN: 84-239-7806-0

Impreso en España / Printed in Spain
Impresión: UNIGRAF, S. L.

Editorial Espasa Calpe, S. A.
Carretera de Irún, km 12,200. 28049 Madrid

Índice

Prólogo: El talento de Campmany

Siempre he dicho que el talento no tiene ideología. He conocido idiotas de primera categoría que eran muy de derechas y también idiotas del mismo rango muy de izquierdas, al final siempre se hacían amigos y les gustaba el mismo gobierno. Por eso cuando alguno te sopla en el oído el *ten cuidado con este que es muy de...* hay que echarse a temblar, el puta está a tu lado.

Y así ha pasado en España que gentes de un excepcional talento han sido marginados, apartados y jorobados por su condición de izquierdosos o derechosos. ¡Qué tontos! ¡Qué ingenio desperdiciado!

A Jaime Campmany lo conocí personalmente cuando empezó a parir su revista *Época*. El contacto fue escaso pero suficiente. Me quedé con la idea de estar ante un hombre de ideas claras que creaba entonces una revista para un público conservador. En poco tiempo lo hizo y con éxito. Demostró su talento de director que en otros medios le negaban por su condición de viejo director de la prensa de la oprobiosa. Y yo, que no soy tan de izquierdas como Jaime Campmany, en mi pobre y miserable condición de liberal, me rendí profesionalmente a la evidencia de un éxito importante de la prensa semanal española. Vamos, que no entendí lo que quería el viejo león y sólo trabajamos juntos un par de meses.

Luego le perdí la pista. Sé que hizo algunos bolos con Del Olmo en la radio y le leía en *ABC* con admiración y discrepancia. Le llamé cuando llegué yo a la COPE en 1992 y le descubrí. Fantástico. Qué mala leche, qué ironía, vaya sopapos, qué dulzura con la lengua... Un descubrimiento. Estuve como el representante, asistente que diría el hermanísimo Guerra, porque había encontrado una niña que bailaba, recitaba y enseñaba muslo.

Los romances que Jaime Campmany empezó a declamar en las ondas de la COPE eran como mar de champán que se llevaba por delante todo y a todos en una burbuja. Si criticas un abuso o la mano en la caja de este gobierno te dicen que crispas pero si lo recita Campmany lo tragan como aceite de ricino. Contra el humor no se puede, frente a la ironía no hay nada que hacer, ante la gramática, salvo el Honorable, hay que descubrirse. Si cualquiera de nosotros, pobres mortales, hubiéramos dicho la mitad de lo que Campmany, el de los romances, ha recitado, estaríamos en Meco, en Brieva, Carabanchel o cualquiera de las Casas del pueblo recientemente rehabilitadas por Felipe González.

Y así, al cabo, a Jaime Campmany le han vuelto a reconocer su genialidad hasta los más felipistas, eso sí, arrepentidos, y los liberales, a punto de arrepentirse, en el contubernio de Venecia que contaré en el próximo prólogo.

El talento no tiene partido. Si Campmany hubiera tenido militancia se sale del cuadro. Aunque tiene narices que haya tenido que escribir romances para la radio para que se enteren.

ANTONIO HERRERO.

SEGUNDO LIBRO DE ROMANCES

Introducción

Yo, pecador, me confieso a Dios y a usted que la primera vez que se me ocurrió escribir mi columna de *ABC* en forma de romance no me asaltó la ocurrencia en la celda de Pero Abad ni en el monasterio de San Millán de la Cogolla, el de suso o el de ayuso, donde el castellano en mantillas todavía mamaba del latín vulgar y meaba largamente el *Cantar de Mio Cid* con el objeto de entretener a don Ramón Menéndez Pidal, y donde la estrofa monorrima del maestro Gonzalo de Berceo nombrado daba los primeros vagidos en román paladino, tal como suele el hombre hablar con su vecino y, *Deo volente,* con su vecina.

Eso habría sido muy patriótico, y muy juglar, y muy carpetovetónico, con toda Castilla y todo el romancero por delante. Pero no. Lo siento. Me asaltó la ocurrencia en una habitación cómoda y casi lujosa del hotel Majestic de Cannes, mientras desayunaba con buena gana zumo de frutas, huevos revueltos con queso, tostadas y brioches con mantequilla suiza y mermeladas inglesas, sentado en el saledizo del balcón panzudo, que caía sobre el patio del hotel, con bar y piscina, y más allá sobre la bahía azul Purísima, postal de paraíso marino, con barquitos madrugadores de velas blancas, y a lo lejos un buque de guerra erizado y gris.

Estaba yo feliz y bien comido, ojos empapados en belleza y estómago lleno de buenos alimentos, sin padecer nada parecido a la tradicional hambruna de la poetambre. Era la mañana del 14 de mayo del año 1984, el aire era limpio, tenue y fino, la mar estaba en calma, el sol cumplía ya con su obligación, el día se levantaba caluroso, la brisa venía piadosa, el café era espeso, las tostadas recientes y los croissants tiernos. Las bañistas madrugadoras tomaban el primer sol, casi en pelota picada, con las tetitas al aire como venus nacientes, o sea, como francesas corrientes. Junto el agua se ponían y las ondas aguardaban, pero todavía huían al verlas venir, así la niña de Gil Polo, y algunas daban grititos y brincos de túmbame ya, moreno. Con el desayuno, entre el servicio de plata, me habían subido *Nice le matin,* pero mi mujer se había apoderado de él, y yo miraba y ganduleaba, dos ejercicios imprescindibles para llamar a la señora Inspiración, ese zorrastrón caprichoso y voluble, que unas veces te escurre y otras te deja con la pluma llena y hasta los dientes.

Después de desayunarse bien, lo mejor que uno puede hacer en este mundo es volver a acostarse. Desde la cama se veía igualmente la bahía azul, los veleros blancos y el buque gris. Sobre la mesilla había un pequeño bloc para notas breves y un lapicero en miniatura. La anchura de la hoja del bloc apenas daba para escribir un octosílabo. Sin pensarlo, empecé a escribir:

Campesinos de esta tierra,
buenas gentes de este pueblo,
venid a oír el romance
que canta este pobre ciego.

Estaba claro que se había apoderado de mí el zorrastrón desorejado de doña Inspiración y que quería poseerme en aquel momento sin darme opción a la fuga por la pereza. No recuerdo haber tenido voluntad alguna de poner allí la palabra «romance» ni de llamarme a mí mismo «ciego». Pero a lo hecho, pecho, y no ha sido el hijo de mi madre el que haya dejado jamás un escrito sin terminar, ya en prosa, ya en verso. Lo que empiezo, lo termino, mejor o peor, como salga y, como decía mi maestro César González Ruano, a firmar y a cobrar.

Después de cuarenta minutos y un par de cafés, el romance quedó hecho. Escrito así, a mano, en verso y en un pequeño bloc, era difícil calcular la dimensión del texto, y adivinar si llenaría normalmente la columna, sin faltas y sin sobras. Yo estaba acostumbrado a escribir a máquina, en prosa y en folios de treinta líneas y líneas de sesenta espacios. Ya veríamos. Lo único que podía hacer era *cantarlo* al taquígrafo del periódico y esperar a que lo compusieran. El fax era un invento que no había llegado todavía de Norteamérica. Tenía que conformarme por entonces con el tomate, los tejanos, el Séptimo de Caballería y las faldas por alto de Marilyn. Llamé y *canté.* En cuarenta años de profesión periodística, había *cantado* por teléfono muchas crónicas. Por primera y única vez en mi vida, al terminar de dictar escuché un aplauso al otro lado de la línea. Era el taquígrafo, bendita sea su madre.

Al poco tiempo de publicarse el «Romance de ciegos» en la columna de *ABC,* empezaron a llegarme copias, escritas en renglones de verso y con algunas variantes sin importancia, sobre todo alivios y supresiones, que quizá mejoraran el texto. Ya se sabe que casi todo lo que se escribe mejora con la brevedad. Algunas copias venían anónimas y otras de ellas firmadas con nombres que no eran el mío. Lejos de cabrearme, el hecho me llenó de alborozo. Había obtenido el único éxito considerable a que puede aspirar un poeta: el pueblo se había apoderado de mi romance y lo había hecho suyo.

Acontecieron dos sucesos jocosos. En el Suplemento dominical de *ABC,* que todavía no se llamaba *Blanco y Negro,* o sí, no recuerdo bien, se publicó el «Romance de ciegos», en forma de romance, algo más corto y firmado por un tal Torga, o Toga, o algo así. No sé si el sujeto de marras cobraría la colaboración. Si lo hizo, de salud que le sirva. Por otra parte recibí una copia del romance con una carta en la que un curita de un pueblo de Zamora que se confesaba admirador mío me pedía mi opinión y se atribuía la paternidad de los versos. Le contesté piadosamente que aquellos versos me parecían tan buenos como si yo mismo los hubiese escrito y publicado. No quise ser más cruel, porque siendo yo católico y queriendo creer a pies juntillas en el hermoso dogma de la Comunión de los Santos, no debía negarme a compartir con mis prójimos, además de las buenas obras, los romances de ciego. Al fin y al cabo, el romance es del pueblo, y luego es de Góngora, de Lope, de Quevedo, de Bécquer, de Lorca y ya no importa si alguno es de Campmany. Además, que yo los cobro —los romances— conforme los hago, y no voy a pretender que encima me los atribuyan. Peor fuera que me los pagaran solamente con el reconocimiento de la autoría, por donde colijo que siempre tiene uno que darle gracias a Dios, aun en las injusticias y tribulaciones. A lo mejor, aquel curita de Zamora, cuyo nombre no revelaré ni bajo tortura, le habrá echado algún padrenuestro a san Juan de la Cruz, patrono de poetas, encareciéndole al *madrecito* mi salvación eterna. Quién sabe si gracias a ese romance alcanzaré el Cielo cuando casque, o me deparará una buena muerte el Cristo que la concede.

Después de ese romance vinieron otros, publicados también en *ABC,* y más tarde escribí unos que recitaba cada semana en la COPE, en el programa de Luis del Olmo, antes de que llegara a la emisora Antonio Herrero y me llevara de nuevo allí. Con el «Romance de ciegos» que abre este libro comenzó a ponerse de moda volver al romancero, y algunos de mis coleguis más queridos y admirados me apoyaron con sus columnas romanceadas. Antonio Burgos y Alfonso Ussía escriben de vez en cuando sus artículos en el metro y la rima del romance y recuerdo más de uno memorable y muy digno de celebración. Hace unas noches, José María Carrascal recitó en romance su comentario en el telediario de Antena-3 TV, y Paco Umbral, a quien no se le da bien lo del romance, escribe en ocasiones su imprescindible columna en verso blanco manantial, fluvial, torrencial y casi nerudiano. A ese desparpajo mío para poner en verso lo que también digo en prosa cada día, es a lo que llama aquí Antonio Herrero mi talento, Dios se lo pague en esta vida y se lo aumente en la otra a mi más joven director. En todo caso, será soltura y facilidad que le deba a mi tío materno don José Zorrilla, que escribía romances con tal prisa que se le puede dar la vuelta al mundo con sus octosílabos.

Este es el segundo libro de romances que yo publico, y con él dejo escrita la controvertida y casi completa historia del felipismo rampante, a falta sólo, por lo que se barrunta, de los estertores, postrimerías, boqueadas y coletazos.

J. C.

Romance de ciegos

Campesinos de esta tierra,
buenas gentes de este pueblo,
venid a oír el romance
que canta este pobre ciego.
Óiganle los menestrales,
hacendados, jornaleros,
matasanos, boticarios,
justicias y picapleitos.
Escúchenle curtidores,
rapabarbas, carpinteros,
sochantres, afiladores,
alguaciles y maestros;
capadores, trujimanes,
prestamistas, bodegueros,
feriantes y matarifes,
recaudadores de impuestos,
espadones y bonetes,
chupatintas y carteros,
destripaterrones, cómicos,
sastres y picapedreros;
lazarillos, asesores,
adláteres de consejo,
secretarios, raboalcaldes
y demás mamandurrieros.
Vengan también los parados,
cesantes de cualquier Cuerpo,
doctores sin beneficio

y licenciados sin sueldo,
funcionarios de pasillo
y oficiales sin empleo,
que con ser la plaza grande
no cabrán todos adentro,
y escuchen con atención
que empieza el romance luego.

Al final del siglo XX,
o sea mil novecientos,
año «ochentaycuatroavo»,
como diría un mastuerzo,
o el octogésimo cuarto,
que dicen los alfabetos,
sufrió gran tribulación
el país de los batuecos.
Con diez millones de votos,
de ilusionados rojelios,
ganaron las elecciones
y entraron en el Gobierno
unos mozos socialistas
que se llamaban obreros
sin tener un solo callo
en la yema de los dedos.
Gran revuelo en las Batuecas
alzó el acontecimiento;
hizo bailes y charangas
la hermosa gente del pueblo,
y levantaban el puño,
en forma de macetero,
con una rosa de seda
presa en un guante de hierro.

Con la rosa por testigo,
los ministros prometieron
dar trabajo, hacer justicia,
predicar con el ejemplo
y levantar las alfombras
del palacio del Gobierno,
por barrer todos los polvos

de anteriores trapicheos,
con cien años de honradez
convertidos en plumero
y que por fin las Batuecas
fuese un país europeo,
demócrata, libre, culto,
pero, sobre todo, ético.
Al pie de un rosal florido
hicieron su juramento.

Pasaron algunos meses
y al llegar el año y medio
las rosas se habían secado,
marchitadas por completo,
los desengaños helaron
la sangre de los batuecos
y volaron las promesas
como hojas que lleva el viento.
Promesas electorales
mueren pronto, según Tierno.
Se poblaron las Batuecas
de pícaros gonzaleros,
cucañistas, trepadores,
dómines sin alfabeto,
políticos sin gramática,
donjuanes de medio pelo,
tragaldabas, tragaperras,
tragacargos, tragasueldos
y, en menos que canta un gallo,
nos dejaron en barbecho.

Las calles y plazas públicas,
los mercados y paseos,
se llenaron de chorizos,
robaperas, descuideros,
tramposos, trapisondistas,
mangantes y presos sueltos.
La corte de los milagros
salió del túnel del tiempo,
y volvieron los mendigos,

los parados, los hambrientos,
a manta de Dios las putas
con sus chulos al acecho,
travestidos, maricones,
vulpes de pelaje nuevo
y ambulantes de la droga
de esos que llaman «camellos».

En calzón van pensionistas,
en pernetas los obreros,
empresarios en pelota,
contribuyentes en cueros;
Alfonso Guerra en Mercedes
y en la cárcel Ruiz Mateos,
los ladrones a la calle,
los tontos al Ministerio,
los vivos a Sarasola,
los guardias al cementerio,
los terroristas a Cuba,
los electores al huerto,
Fernando Morán a China
y todos al tostadero.

Por las campiñas de Iberia,
a un lado y otro del Duero,
mugieron desesperadas
las vacas flacas del sueño.
De mirar tanta desdicha
un día me quedé ciego,
que para ver tales penas,
los ojos para qué quiero,
si no fuera para cosas
que con el otro remedio.
Si pica a alguno la historia
que no mate al mensajero,
y si sirve de atrición
será para mi consuelo.

(*ABC*, 15 de mayo de 1984.)

Romance del que entró en Europa

Ya hemos entrado en Europa
el pueblo de los batuecos;
ya somos casi tan rubios
como antes éramos negros,
ya somos menos cerriles
que éramos antes de serlo,
ya puede decir Felipe
que no existe el Pirineo.

Ya baja el Guadalquivir
con modales europeos
y puede decirle al Sena
que tiene los ojos negros;
ya corren las mismas aguas
por el Rin que por el Duero;
Notre Dame a la Giralda
la mira con más respeto
y el Manneken Pis se orina
detrás de Despeñaperros.

Ya son regiones de Europa
Las Hurdes y Los Monegros,
Las Batuecas y La Mancha,
y la comarca del Bierzo,
y ya don Joaquín Leguina
tiene el cronómetro puesto
en la mismísima hora
del Big-Ben del Parlamento.

Ellos vendrán con sus coches,
su maquinaria de acero,
ordenadores y «teles»,
que para más desconcierto,
no llegarán con Las Vulpes
ni con el Calviño dentro,
neveras y lavaplatos,
concordes, modas e inventos.
Les mandaremos nosotros
tomates y belloteros,
cuatro seras de lechugas,
alguno que otro pimiento,
naranjitas y limones
lo que vaya dando el huerto,
y así vendiendo y comprando
en el mercado europeo,
nos va a costar un Mercedes
provincia y media de puerros.

Como estamos ya en Europa,
nuestros barquitos pesqueros
faenarán el Manzanares,
los charcos de Almendralejo,
el estanque del Retiro,
las fuentes de Marmolejo
y los ojos del Guadiana
en temporada de reo.
Comeremos roquefort
en vez de queso manchego;
venderemos el jumilla
como si fuese un refresco
y beberemos la hijuela
en botellas de Burdeos.

«Bienvenido, míster Marshall»
se va a quedar en los huesos
cuando vengan los franchutes,
italianos y flamencos,
holandeses, escoceses,
dinamarqueses, tudescos,

a traernos la riqueza
de los zocos europeos.
¡Esto va a ser Jauja, troncos,
gracias a nuestros rojelios!

Empezarán las llamadas
del Elíseo al Gonzaleo,
«Te mando cuatro Peugeot
y dos modelos de invierno
de la firma Saint Laurent,
a quien yo mismo, en el pecho,
puse la legión de honor
hacia últimos de febrero;
mándame tú los limones
de ochenta mil limoneros,
toda Orihuela en naranjas,
y toda Murcia en pimientos».
¡Marchando! *Mosiú,* ya salen
los limones para el puerto,
a dos francos tonelada,
las naranjas, los pimientos,
y lo que queráis pedir,
porque ya no hay Pirineos.

Ya hemos entrado en Europa
después de tanto meneo;
lo que no pudo hacer Franco,
Suárez ni Calvo-Sotelo,
lo ha conseguido Morán;
ya parece Julio Feo
un lord del Almirantazgo,
y ya el Tribunal Supremo
lo elegirá don Felipe,
según quiera Papandreu;
Barón, nuestro «bien de Estado»,
nos ofrecerá a su tiempo
una «kermesse» europea
en uno o en otro aeropuerto;
podrá don Miguel Boyer
aumentarnos otro impuesto

para ponernos a tono
con el nivel europeo,
y ya don Alfonso Guerra
podrá decir en tudesco
«tahúr del Mississippí»,
«shoriso» y «giliputero».

¡Qué gusto entrar en Europa
después de tantos intentos,
de la mano y con el pie
de estos muchachos rojelios,
aunque tengamos que entrar
como se entra en un barreño,
sin camisa y sin calzones,
sin zapatos, sin sombrero,
sin chambra, sin calcetines;
o sea, talmente en cueros,
con una rosa en la mano
a guisa de macetero.

Cantad victoria, españoles;
sonad las palmas, batuecos;
entrad cantando en Europa,
que están sus brazos abiertos
para estrecharnos bien fuerte
y estrujarnos en su pecho,
hasta dejarnos sin gota
de respiro ni resuello.
Marchemos, marchemos todos,
y yo marcharé el primero
por la senda que señalan
don Felipe y su Gobierno.

(*ABC*, 23 de marzo de 1985.)

Romance de la OTAN

En el año ochenta y seis
después de mil novecientos,
día después de san Cándido,
que es santo de cuerpo entero,
a cuatro fechas tan sólo
del grande san Heriberto,
y a siete de san José,
varón casto y carpintero,
patrono de don Pepote
por lo que tenga de leño,
el buen Felipe González,
siendo jefe del Gobierno,
convocó a los españoles,
tanto celtas como iberos,
godos, guanches, visigodos,
mozárabes y agarenos,
vascones de las montañas,
almogávares de huerto,
judíos arrepentidos,
vándalos, alanos, suevos,
todas las razas en fin
del valle de los batuecos,
para acercarse a las urnas
y votar en referéndum.

El buen Felipe González,
jefe de los gonzaleros,
otrora más conocido

en Sevilla, que es su pueblo,
por el nombre de Isidoro
o como Felipe el Belfo,
cumplía así una promesa,
hecha a su querido pueblo.
Habló claro Felipillo,
bien oiréis el su argumento:
«Si os ha metido en la OTAN,
sin pensárselo un momento,
por mayoría precaria
arrancada en el Congreso,
un marmolillo "malage"
llamado Calvo-Sotelo,
que se va todos los años
a bañarse a Ribadeo,
con unos calzones grandes
heredados de su abuelo,
que algunos llaman bermoldos,
y otros llaman leopoldeos,
no tenéis que preocuparos,
queridísimos batuecos,
que yo os sacaré de allí,
aunque fuese por los pelos,
con la fuerza de mi brazo
y la de mis gonzaleros.
Si por mayoría entramos,
por mayoría saldremos,
que si pena fue el entrar,
salir será mi trofeo.
Empeñada mi palabra
queda, pues, en ese empeño,
y lo que Felipe dice
lo podéis dar ya por hecho,
porque el hijo de mi madre
no nació para trolero,
ni sabe decir palabras,
que luego se lleve el viento.
Id a la Universitaria
y aguardadme todos luego,
que allí estaréis con el Nico,

jefe de los ugeteros,
con Marcelino Camacho,
que tan alto lleva el cuello,
con don Joaquín, que lo haré,
después Defensor del Pueblo,
y con el buen padre Llanos,
porque no os llamen ateos.
Conmigo irá Alfonso Guerra,
el primer anti-otanero,
para ganar en la calle
lo perdido en el Congreso.»

Pasaron algunos meses,
que muy pronto corre el tiempo;
llegaron las elecciones
para elegir Parlamento,
y ni Fraga en la derecha,
ni Landelino en el centro,
ni Santiago por la izquierda,
ni Adolfo Suárez en medio,
pudieron poner barreras,
al gran triunfo gonzalero.
¿Quién pone puertas al campo,
que dijo Grullo, don Pero?
Ya la rosa socialista
floreció en el macetero;
ya don Felipe González
sucede a Calvo-Sotelo;
ya se derriban los muros
del gran castillo ucedeo;
se resiste don Alfonso
a formar en el Gobierno,
pero al final se conforma
por hacer servicio al pueblo.
Ya están todos sentaditos
en la mesa del Consejo,
pero nadie ya se acuerda
del maldito referéndum.
Promesas electorales
duran poco, según Tierno.

Así pasaron tres años,
y aún más, tres años y medio.
La gente está sin trabajo;
las empresas, sin dinero;
los impuestos, por las nubes;
el prestigio, por los suelos;
la Justicia, en tenguerengue;
los ciudadanos, en cueros;
la economía, en berlina;
los ministros, en el lecho;
en la higuera Peces-Barba;
don Enrique en el entierro;
y la rosa, más que mustia,
se desmaya sobre el tiesto.
Don Felipe se desploma;
ya está casi sin aliento.
«Aquí hay que hacer algo —dice—
para entretener al pueblo,
y que se olvide del paro,
del terror, de los impuestos,
de Rumasa, de la Preysler,
de Lerga y de Ruiz Mateos,
de los jueces designados
por la gracia de mi dedo,
de la ley de Atribuciones
que chincha a los arquitectos,
de que son incompatibles
todos los médicos buenos,
y de que si damos, damos
tan sólo palos de ciego.
Aquí hay que hacer algo —dice—.
Hagamos el referéndum.»

Se arma la de San Quintín
entre todos los batuecos.
Lo que era para salir,
es para dejarnos dentro,
y no saben lo que hacer
celtas, vascones e iberos.
Lo que ayer era tan malo,

hoy se ha convertido en bueno,
y los pobres españoles,
con las manos en los sesos,
no saben ni sí ni no,
si dar el voto o el veto,
si el miércoles van de urnas,
o si se van de pucheros.

(*ABC*, 8 de marzo de 1986.)

Letrilla de Julio Feo

¡Si no lo veo no lo creo!
¡Ay qué guapo es Julio Feo!

La flor de los consultores
y de asesores espejo,
el que cuidaba la imagen
de los psoeñoritos éstos,
aquél que quitó a Felipe
los pantalones vaqueros
y las camisas a cuadros
de los mítines obreros,
y le caló gafas nuevas
de político europeo,
cazadoras italianas
de preciosísimo cuero,
corbatas de Pierre Cardin
y de lana inglesa el terno,
el frac para ir a Palacio,
el azul para el Congreso,
el conjunto deportivo
para irse a los extranjeros;
el que convenció a estos chicos
de encaminarse ligeros
a la ducha y a la sauna,
al sastre y al peluquero;
por decirlo de una vez
sin dar mayores rodeos,

el jefe del gabinete
monclovita o moncloveo,
murciano de maniquí
llamado don Julio Feo,
sufre ahora los acosos,
los embates, los meneos
de la derecha de siempre,
aferrada a privilegios;
de los retrocavernícolas,
de los carcamales retro,
de furiosos adversarios
y de enemigos del pueblo.

¡Si no lo veo no lo creo!
¡Ay qué guapo es Julio Feo!

Le acusan de traficar
con favores del Gobierno,
de vender en su despacho
secretísimos consejos,
información reservada,
confidencias, cuchicheos,
acuerdos confidenciales,
enjuagues y trapicheos
de oscura negociación
y de datos esotéricos.
¡Qué disparate tan grande!
¡Qué calumnia, qué libelo!
¡Qué injuria tratar así
a un profesional tan ético!
Don Julio Feo, señores,
señores, don Julio Feo,
antes de ir a la Moncloa
ganaba muy buen dinero,
y después de salir de ella
gana más y más honesto.

¡Si no lo veo no lo creo!
¡Ay qué guapo es Julio Feo!

Nadie le podrá probar,
ni en torcido, ni en derecho,
que de lo que entonces supo
enjarete chalaneos,
ni que en sus empresas nunca
haya vendido un secreto.
Y si no, que lo demuestren.
Que lo prueben aquí mesmo,
en cualquier lugar que quieran,
menos en el Parlamento.
Que a esa Comisión aviesa
que han formado en el Congreso
para indagar influencias
como quien sexa polluelos,
no le dejan asistir,
mire usted qué desconsuelo,
los jefes de su partido
a quien se debe respeto.

¡Si no lo veo no lo creo!
¡Ay qué guapo es Julio Feo!

Ya digan lo que dijeron
los aliancistas arteros
(porque los de Adolfo Suárez
no destapan el puchero);
que diga misa si quiere,
ese Juan Ramón Calero;
ya traigan dos carretillas,
tres camiones y medio,
seis trenes de mercancías
o un transatlántico entero
de contratos, fotocopias,
certificaciones, textos,
minutas, declaraciones
y otros muchos documentos,
que jamás será encontrado
un lunar en sus empeños,
una mancha en sus empresas,
una mota en sus consejos,

una sombra en su conducta,
un feo en don Julio Feo.
Así lo declara él,
así lo afirma muy serio,
allá donde le preguntan
las víboras del recelo,
en radio, en televisión,
el diario o el tebeo,
y aunque su palabra cierta
no necesita refrendos,
así nos lo ha refrendado
quien es jefe del Gobierno.
¿Qué más queréis, ciudadanos?
¿Qué más piden los batuecos?

¡Si no lo veo no lo creo!
¡Ay qué guapo es Julio Felo!

¿Qué ha asesorado a Mounlaigth?
Pues nada malo hay en ello.
Mounlaigth compró Galerías
al grupo de los Cisneros
en el precio razonable
de treinta mil milloncejos.
Mounlaigth pagó treinta mil.
Cisneros compró por menos.
Estas son cosas que pasan
en el mundo financiero
cada lunes, cada martes,
cada abril y cada enero.
De los treinta mil, ni uno
le dieron a Ruiz Mateos.
Estas cosas también pasan,
y Dios nos hizo de menos.
Y si hubiera de pagar
el Estado algún dinero
que todavía se adeuda
de la venta a los Cisneros,
y a don Julio le consultan
y don Julio da el consejo

de que se pague en seguida,
sin moras ni aplazamientos,
al asesor que tal haga
grande gratitud debemos.
¿Qué mediación hay aquí?
¿Qué malicia se halla en eso?
¿Qué tráfico de influencias?
¿Qué porras? ¿Qué niño muerto?
En lugar de investigar,
la Comisión del Congreso
debe proponer al punto
que erijan un monumento
a la flor de consultores
y de asesores espejo.

¡Si no lo veo no lo creo!
¡Ay, qué guapo es Julio Feo!

(*ABC*, 20 de mayo de 1988.)

Romance de la gomita

Celtiberia está pendiente
del asunto de la goma,
pues se ha empeñado el gobierno
en que toda perinola,
pirenaica, penibética,
celta o carpetovetónica,
lo mismo peninsular
que canaria o de Mallorca,
de pollito tomatero
o de pollastre carroza,
no pueda salir de caza
sin calzarse la capota.

Pililas de las Españas,
celtibéricas morrongas,
badajos de las Batuecas,
hispánicas zanahorias,
donciruelos, mingas, pitos,
pichulinas y mazorcas,
todas deben enfundarse
la gabardina de goma,
sin distinción de tamaños,
embravecidas o pochas,
tímidas o temerarias,
montaraces o bitongas,
igual flautas de Bartolo
que cipotes de Archidona.

En esta noble campaña
con que el gobierno nos honra,
nos instruye y adoctrina,
nos educa y asesora
para que todo batueco
que se meta en una alcoba
tenga ya listo y a punto
el instrumento de moda,
doña Matilde Fernández
es la que toca la trompa,
y a todos los ciudadanos
a la batalla convoca.

¡Españolas y españoles,
españoles y españolas,
que aquí también monta tanto
el montado y el que monta,
ya habréis oído el aviso:
«¡Al preservativo tocan!»
«Póntelo», les dice a todos.
«Pónselo», les dice a todas.
«Póntelo», va repitiendo
la ministra a todas horas.
«Pónselo», dice de nuevo,
«pónselo por si las moscas».
Y cuando empieza el Consejo
los viernes en la Moncloa,
«Póntelo», dice a Narciso,
«Pónselo», le dice a Rosa,
porque de todo el gobierno
son la más sensible flora.
Y después doña Matilde,
como es mujer extremosa,
se dispone a comprobar
si todos llevan la goma
enfundándoles la pluma
con la que firman las normas,
la subida del catastro,
la retención de la nómina,
y el impuesto de la renta

de las físicas personas.
Porque no sólo se chinga
en lo oscuro de la alcoba,
sino que se chincha igual
en cualquier lugar y hora,
firmando leyes, decretos,
órdenes recaudatorias,
y en eso son campeones
los ministros que hay ahora,
y a pesar de la campaña
que el gobierno desarrolla
para que usemos condón,
ningún impuesto condonan,
y con tributos nos giban,
nos jeringan, nos joroban,
y con la vara nos miden,
y con el jopo nos jopan.

Con tanto preservativo
no va a quedar perinola
en las diecisiete Españas
de las regiones autónomas
sin haber sido invitada
por ministra tan rumbosa
a la fiesta nacional
de la higiene de la goma,
que por ser materia elástica,
de la de tira y afloja,
es posible que hoy aumente
lo que mañana se encoja.
Doña Matilde Fernández,
publicitando esa cosa,
ya más que Don Juan Tenorio
es conocida y notoria,
y ya va dejando chicas
en la fama a la Pantoja,
a la Rocío Jurado,
a Lola la Faraona,
a la Preysler, a Gunilla,
a Sara, a la Massielona,

y por tratarse de sexo,
también a la doctora Ochoa.

Señora doña Matilde,
profiláctica señora,
un homenaje le deben
españoles y españolas.
Que inflen diez mil adminículos
de aquellos que usted pregona,
que la sujeten a ellos
en forma de globo sonda,
y que suba por los aires
a la nube de la gloria.
¡Viva Matilde Fernández,
que el condón puso de moda
y que ya es moda de España
para dar envidia a Europa!
«Póntelo. Pónselo», dice
la ministra incitadora.
Si alguno no se lo pone,
que ella venga y se lo ponga.

(COPE, 22 de noviembre de 1990.)

Romance de Felipe y los moros

El presidente González
se ha echado en contra al Islam
desde que salen los yanquis
de Morón para Bagdad
cargados de grandes bombas
que pesan más de un quintal.

Moros de la morería
por las calles de Rabat
van diciendo que Felipe
es enemigo de Alá,
y eso se sabe que es cosa
de bastante gravedad
cuando lo grita una tropa
de muchos jamalajás.

A quitar hierro al asunto
acudió pronto Hassan,
dijo que en ese suceso
no se debe exagerar
y que a Felipe los moros
le guardan buena amistad.
Pero luego la morisma
salió en Melilla a gritar
contra el gobierno de España
y en homenaje a Saddam,
que nunca fueron los moros

gentes de mucho fiar
y aquí te llaman hermano
y allí sacan el puñal.

En Jerusalén sagrada,
tres veces santa ciudad,
ciudad santa de la Biblia,
del Talmud y del Corán,
el muftí que entre sus piedras
dicta el precepto moral,
alza contra don Felipe
al rebaño musulmán
y llama a la guerra santa
que ellos le dicen *yihad.*

No le faltaba a Felipe
más que esta contrariedad,
con tantas otras que tiene
aún por solucionar.
Tiene al Guerra en el partido
decidido a fastidiar
a todos los tres poderes
del Estado liberal,
ministros y diputados
y jueces en general.
Tiene al gobierno baldado,
que ya no puede ni andar;
si la Rosa Conde habla,
se equivoca una vez más,
si abre la boca Corcuera,
dice una barbaridad,
y si viaja Cosculluela
no llega a tiempo jamás.
Tiene al califa de Córdoba
haciendo de Abderramán,
presentándole batallas
en el campo y la ciudad,
y llenándole el despacho
de palomas de la paz.
Tiene aviones cargados

de carga convencional
en Rota y en Torrejón,
en Morón y en el Pilar,
aunque ya dicen algunos
sin que lo puedan probar
que también llevan misiles
con cabeza nuclear.
El Pentágono le ordena,
le compromete la Otán,
le interrogan en las Cortes
y él no puede contestar.
La Casa Blanca le llama
y pide cada vez más
para el cuento de la guerra,
cuento de nunca acabar.
Tiene a sir Paco en el África
regalando un dineral
porque al moro más arisco
dádivas quebrantarán,
y a Ceuta se le ha marchado
don José María Aznar,
que también son ganas, hombre,
de querer dejarle mal.

Y por si eso fuese poco
para darle a cavilar,
tiene moros en la costa
de Melilla a Gibraltar.
¡Pobre Felipe González!
Creía que gobernar
era quedarse Rumasa,
abrazar a Willy Brandt,
darle dólares a Castro
por razón sentimental,
apretar en los impuestos,
cantar *La Internacional,*
veranear en Doñana,
recibir a Mitterrand,
decir «macroeconomía»,
o «conflicto regional»,

y nombrar a García Vargas
ministro de Sanidad.
Y ahora tiene que enfrentarse
con el mundo del Islam,
igual que el rey don Rodrigo
que terminó de reinar
a orillas del Guadalete,
río que lloró su mal.

Mas no sufra, don Felipe,
que todo se arreglará.
No hay mal que por bien no venga,
según enseña el refrán.
Y si aquí la Reconquista
duró ocho siglos y más,
desde Pelayo el de Asturias
al bravo Gran Capitán,
puede usted, en la Moncloa,
resistir un tiempo igual,
tanto con guerra en el Golfo
como con golfos en paz.

(COPE, 17 de febrero de 1991.)

Romance de la Matilde

Después de Felipe, Guerra,
y después de Guerra nadie.
Lo ha dicho doña Matilde,
doña Matilde Fernández,
que en el Gobierno es ministra
de los Asuntos Sociales.
Otras también lo dijeran
si de esa teta mamasen,
que la leche de la teta
hace a los tiesos amables,
a los duros hace blandos
y a los hirsutos suaves.
Esta ministra Matilde,
doña Matilde Fernández,
las públicas preferencias
perfectamente se sabe,
quién está en el candelero,
quién del candelero sale,
quién se lleva el gato al agua
y quién el bacalao parte.

Se va pasando el verano
sin que la ministra hable,
y estamos todos ayunos
de sondeos populares.
¿Qué se fizo de los líderes?
¿Dónde están los gerifaltes?

¿Sigue Felipe el primero?
¿Llegará Aznar a alcanzarle?
¿Suma puntos Narcís Serra,
vice catalanizante,
mientras ensaya en el piano
«No me mates con tomate»?
¿Prospera Javier Solana,
que fue portavoz parlante,
ministro de la Cultura,
jefe de los ordinales,
Atila de partitivos
con luces gramaticales,
reformador de Nebrija
y pastor de numerales,
ministro de Educación,
terror de Universidades,
y ministro de Exteriores
Asuntos, o sea, Affaires?
¿Cómo va Carlos Solchaga
después de tantos achaques
que sufre la economía,
a punto ya del desastre?

Por el norte o por el sur,
por poniente o por levante,
por la derecha o la izquierda,
¿se ve destacar a alguien?
¿Y qué fue de Alfonso Guerra
cuando se quedó cesante
y Felipe le quitó
el cetro de gobernante?
Tanto negocio de Juan,
tantos millones de lance,
tanto enredo de mañana
y tanto café de tarde,
tantas copas del *Patillas*
y de Adolfo tanto baile,
tanto caballo de Pincho,
tanto cortijo de balde,
tanto Mercedes de lujo,

tanto trinque y tanto enjuague
no se ganan en un día
haciendo duros del aire
como si fueran buñuelos
o borborigmos de fraile.
Algo tendrá que decir
la parroquia en este trance.

Lo que dice la parroquia
doña Matilde lo sabe,
y ya por los cuatro vientos
su conocimiento esparce.
Por fin habló la Matilde
con elocuencia aplastante,
y ya nos trajo el verano
noticias gratificantes.
«Entre los grandes celtíberos,
es el primero González,
nadie le moja la oreja,
nadie lo que él vale vale,
nadie le alcanza la cresta
y nadie habrá que le alcance,
que es Felipe mucho líder
para que nadie le gane.
Después de Felipe, Guerra,
que es líder entusiasmante,
ídolo de multitudes
y baranda inobjetable.

Ni las campañas de Prensa,
ni las calumnias infames,
ni el odio de la derecha
que quisiera destrozarle,
ni los beatos del Opus,
ni una división de *panzers*,
ni siquiera el Ku-Klux-Klan
con sus cucuruchos grandes,
ni los *cow-boys* de Arizona,
ni obispos ni cardenales,
ni Arzallus el sacristán

con sus vascos sacristanes,
ni el breve Jordi Pujol
con sus *mossos* catalanes,
ni el Aznar con su bigote,
ni Fraga con sus tirantes,
ni jueces, ni magistrados,
ni abogados, ni fiscales,
ni las leyes ni los códigos,
ni sesiones ni debates,
ni el Congreso donde están
de la patria los compadres,
que si digo "padres" sólo,
se queda cojo el romance,
podrán con Alfonso Guerra,
Alfonso Guerra González,
sevillano de nación,
socialista de diamante,
economista de hierro
y electorero triunfante.»

Después de Felipe, Guerra,
y después de Guerra nadie.
Lo ha dicho doña Matilde,
doña Matilde Fernández,
y en seguida se ha quedado
medio traspuesta y en trance.

(*ABC,* 10 de agosto de 1992.)

Romancillo de Galeote

Se va Galeote,
se va don Guillermo,
deja la política
y el servicio al pueblo
hombre tan ilustre,
mozo tan egregio,
tribuno tan noble,
orador excelso,
político hábil,
socialista inmenso,
ecónomo honrado,
tesorero honesto,
judas diligente
y chorizo experto.
No podrá ninguno
ocupar su hueco,
que el hueco que deja
no tiene relleno.
Nadie en las finanzas,
será así de serio,
nadie recaudara
tan buenos dineros,
nadie administrara
caudales filesios,
malesios haberes
y timexporteños
con tanta pericia,

con frutos tan buenos,
con tanta ganancia
para el gonzalero
partido del pobre,
pesoe limosnero.
Jamás fue tan rico,
más rico que Creso,
el sociata hispano,
el sociata ibero
como lo era ahora
con este Guillermo,
que es como una hormiga,
válgame el ejemplo,
en lo laborioso
y en el acarreo,
llevando caudales
hasta el hormiguero.

Este Galeote,
amarrado al remo,
remaba y remaba.
¡Dios, qué buen remero!,
en la gran galera
de los trapicheos,
de las trapisondas
y de los enredos.
Llenaba las cajas,
como buen cajero,
del grande partido
que llaman obrero,
con las comisiones
y los merodeos
de pingües contratas
o de chalaneos,
que da para mucho
el libre manejo,
el tejemaneje
y el remanguilleo
de las concesiones
y del Presupuesto.

Y por eso mismo,
y quizá por eso,
en Ferraz le tienen
muchísimo afecto,
pues coge la vaca,
le da el alimento,
le trae fresca hierba,
le prepara el pienso,
le llena el establo
con paja o con heno,
le cuida las ubres
y las tiene al pleno
para que se enganchen
al pezón ubérrimo
los apadrinados,
los encomenderos,
los socialistillos,
los mamandurrieros.

Se va Galeote,
se va don Guillermo.
Se va Galeote,
que, a más de remero
en esa galera
del financiamiento,
también se distingue
por ser el hostiero
que tiene el partido
en el Parlamento.
Allá por los años
en que hubo un gobierno
con la presidencia
de Calvo-Sotelo
ocupaba escaño
nuestro don Guillermo
como diputado
que ha elegido el pueblo.
Era diputado
por noble colegio,
pues llegó de Córdoba

victorioso, electo,
triunfante y felice,
arrogante y fiero.
De él pudo decirse
lo que dijo en verso
al buen Manolete
don Gerardo Diego,
que en Córdoba mora
ocurrió el suceso,
triunfó Galeote
y nació el torero,
ole con el ole
en el ruedo ibérico.

Y en aquellos años
de Calvo-Sotelo,
¡o mores, o tempora!,
cómo pasa el tiempo
el gran Galeote
se alzó de su asiento
mientras el Congreso
celebraba un Pleno
y con voz valiente
y con bravo aliento
lanzó la consigna
o, mejor, dio el queo,
entre el rojerío
de aquel Parlamento.
«Todo lo que pasa
aquí, compañeros,
es que ya ha llegado
el grande momento
de que callen lenguas
y empiece el hosteo.»
Aquel claro día,
con este consejo,
en la democracia
hubo gran festejo.
Nada de diálogo

ni de parloteo,
que palabras vanas
se las lleva el viento,
y hablando y hablando,
y unos discutiendo
todas las medidas
que toma el Gobierno
y otros apoyando
con discursos serios
al Ejecutivo
del azul asiento,
se pasan las horas
sin dar rendimiento.
La nueva receta,
el moderno ungüento,
para que tengamos
del pueblo gobierno,
con el pueblo mismo,
para el mismo pueblo,
no son las palabras
ni los cabildeos,
sino que es jarabe
de vara de fresno,
buenos soplamocos,
obleas, morreos,
sopapos en serie
y de puño vuelto.
Todo este debate
se lleva en silencio,
el que más sacuda
que forme Gobierno.
Es la democracia
de los posmodernos,
la del socialismo
majo y pinturero,
la que preconiza
al clan de batuecos
el gran Galeote,
Guillermo el hostiero.

Se va Galeote,
se va don Guillermo.
Jamás habrá otro
tan repajolero
para hacer negocios
y traer dineros
ni en toda Sevilla
ni en el mundo entero.
Deja la política
tan listo sujeto.
Y todos los pícaros
lloran al saberlo.
Lloran Lazarillo
y el cabrón del Ciego,
el Buscón don Pablos
que parió Quevedo,
Guzmán de Alfarache,
de Alemán, Mateo,
y toda la tropa
de pícaros sueltos
que viven por siglos
en valles y oteros
de España, en las trochas
y en los vericuetos,
arriba y abajo
de Despeñaperros.

(*ABC*, 15 de agosto de 1992.)

Romance del montañés

No sabía doña Matilde
con quién los cuartos jugaba,
y se presentó en la Expo
en el Día de Cantabria.
Dicho había el presidente,
que habla más claro que el agua,
que ministros no quería
en la fiesta de su casa,
que el Gobierno de Felipe
tiene secuestrada a España
con los exclusivos votos
de una región de la patria,
y tienen desasistida,
preterida, abandonada
a la región que él preside,
Santander o la Montaña.
Si quieren fiesta en la Expo,
que vayan a la de Ibarra,
que más que fiesta vacuna,
es la fiesta de las cabras,
o vayan al pabellón
que hay de Castilla-La Mancha.

Es terca doña Matilde,
más terca que mula maña,
que mujer que sale terca
no hay manera de domarla.

Ya se sabe que las mulas
si quieren andar, pues andan,
y si no quieren andar,
no adelantan ni una pata
por más que a palos les hundas
los lomos con una vara.
Dijo don Juan que no quiere
ni ver siquiera a sociatas,
y que a ministros no puede
mirar la jeta o la cara,
que se vayan los ministros
a su despacho o su casa,
que se vayan a paseo
o se vayan a hacer gárgaras.
Como don Juan Hormaechea
tiene una lengua muy larga,
a lo mejor lo que dijo
lo dijo más por las bravas,
que fueran a hacer puñetas
y que no le fastidiaran,
que se hicieran una pera
poética y albertiana,
pera oficial de ministro,
«pera matinal y vaga»,
y que por su pabellón
ni la nariz asomaran.

Oyólo doña Matilde,
mas como si no escuchara.
«Yo me meteré en la fiesta,
por las buenas o las malas,
mucho más si el Hormaechea
no desea que yo vaya.
Para algo yo soy ministra,
de Felipe por la gracia,
y como ministra soy,
voy donde me da la gana.»
Así habló doña Matilde,
y al fin de la perorata,
hizo un gesto decidido

como de María la Brava,
le dio un ¡viva! a Alfonso Guerra,
se ajustó muy bien la faja
y a la Exposición se fue
dispuesta a dar la batalla.

Ni aquella sor Patrocinio,
monja que fue de las Llagas;
ni aquella otra monja Alférez,
cuyo valor es ya fama;
ni la santa Juana de Arco
en la armadura encajada;
ni la Dolores Ibárruri,
la mítica «Pasionaria»,
que aplicaba al rojerío
tea revolucionaria;
ni la Margarita Nelken,
la famosa diputada;
ni doña Victoria Kent,
que en «El Pichi» la difaman;
ni Agustina de Aragón,
la que el cañón disparaba,
ni siquiera Encarna Sánchez,
que el micrófono descarga,
tuvieron tantos arrestos,
tanto valor, tanta audacia,
como tuvo la Matilde
en la fiesta de Cantabria.

Mas cuando llegó Matilde
a aquel pabellón de marras,
ya había tomado don Juan
medidas extraordinarias.
«Aquí no hay fiesta oficial
ni protocolo que valga.
Se suspende la función,
se acabó lo que se daba,
los ministros, a la mierda,
las ministras, a la caca,
y el gobierno socialista,

como a mí don Juan me llaman,
va a terminar en la cárcel
por tantas barrabasadas
como vienen combinando
Felipe y sus camaradas.»
Dijo don Juan y quedóse
más contento que unas pascuas.
Ya se sabe que este hombre
con la boca se despacha,
y si se le va la lengua
es como una catarata,
que se sabe cómo empieza,
pero nunca cómo acaba.
Vuélvese doña Matilde
por donde antes se llegara,
con el rabo entre las piernas,
si es que ella rabo gastara,
engañada en sus proyectos
y en su terquedad burlada.

Sin ministros ni ministras
hizo su fiesta Cantabria,
que mejor es estar solo
que estar en mala compañía,
y a Hormaechea, el presidente
que tienen en la Montaña,
mejor que estar con ministros,
le gusta estar con las vacas,
que al fin y al cabo dan leche
y no recaudan la pasta.
Como siga mucho tiempo
por la izquierda la pasada,
al divisar a un ministro,
aunque sea en lontananza,
vamos a seguir corriendo,
diablo que lleva un alma,
más veloces que Carl Lewis
ha corrido en la Olimpiada,
cogiéndonos la cartera
y a voces llamando a un guardia.

Don Juan y doña Matilde,
¡qué himeneo, Virgen santa!,
qué abrazo tan democrático,
abrazo que no igualara
ni al de Romeo y Julieta
ni el abrazo de Vergara.

(*ABC*, 16 de agosto de 1992.)

Romance de la Lola

Más razón tiene que un santo
la Faraona de España,
no ya si canta una rumba
o si aire le da a las ancas,
que ya se sabe que Lola,
cuando baila o cuando canta,
tiene más razón que nadie,
más razón que la Parrala,
más razones que la Lirio,
más que Rosario la Cava
y más que aquella otra Lola,
famosa por machadiana,
que se marchaba a los puertos
y la Isla sola dejaba,
más razón que tuvo nadie
desde Jerez a Granada,
de Loja a Benamejí,
de Lucena a Dos Hermanas,
ni los vivos ni los muertos
si es que los muertos bailaran,
ni los vivos más vivales
ni los muertos más mojamas.

La razón que tiene Lola
va más allá de la zambra
y se mete en la política
económica de España,

ésa que nos tiene a todos,
si no en porretas, sí en bragas,
venga de expeler monedas
por medio de entrambas nalgas,
con las alforjas vacías
sin una jodida blanca,
con la nariz a dos velas,
con el culo en la ventana
y con Solchaga en la calle
recogiendo lo que caiga,
y que va manga por hombro
más que por el hombro manga,
nosotros venga a pagar
y ellos venga de mangancia.

Recuerde el olvidadizo
y memoria todos hagan
de que a Lola la llevaron
delante del juez de guardia
porque, cantando y bailando,
los años se le pasaban
sin hacer declaración
y sin dar a los sociatas
la mitad de los «jayeres»
que con el cante ganaba.
Tenía la Lola Flores
que andar de bolos en galas,
de escenarios en «tablaos»,
de rumbita en sevillana,
con toda la tribu a cuestas
o debajo de la falda,
el bueno del *Pescaílla*
colgado de la guitarra,
la Lolilla que aún no atina
ni coge el duende a la gracia,
el niño, que necesita
más parné que una sultana
para el capricho o la juerga,
o el pasarse de la raya,
los gitanos canasteros

que saben tocar las palmas,
morenos de verde luna,
en los deditos, tumbagas,
y zapatos de tacón
con punteras encarnadas.
Y además, los churumbeles
y Carmelilla, la hermana.
Cuarenta bocas que comen
como cuarenta pirañas,
y la Faraona sola
(más de sesenta castañas)
para tapar tantas bocas
con otras tantas bufandas,
desgañitado el gañote,
la melena repintada,
las manos casi abatidas
como palomas cansadas
y vivos heroicamente
los volantes de la bata.

Toda la tragedia antigua
de las estirpes gitanas
se sentó en aquel banquillo
junto a la Lola de España.
Los Torres y los Heredia,
los Camborios y los Vargas,
abocaron los «acais»
como si fueran dos cántaras,
y las gitanas mejillas
se convirtieron en niágaras.
Lola Flores, al banquillo,
igual que en *Morena Clara*,
como si hubiera robado
el jamón de la posada,
tres pollitos tomateros,
dos gallinas y una pava,
es agravio que merece
desenterrar las navajas
y cortarles los calzones
a los ministros sociatas,

que ahora son de lana inglesa
donde antes fueron de pana.
Maldita sean los payos
que a esta gitana maltratan,
maldita sea el Borrell
que se lleva lo que agarra
como un pájaro protervo,
como una ladrona urraca;
maldita sea la Matilde,
que luego todo lo gasta
en dárselo a perezosos,
haraganes y majaras,
macarras y hurgamanderas,
maricones y lesbianas.

Lola ha dado la receta
para evitar la desgracia.
Es el huevo de Colón,
historieta centenaria.
Consiste en que aquí ninguno,
ni gitano ni gitana,
ni batueco ni batueca,
moro o mora, payo o paya,
ni judío ni judía,
ni de ninguna otra raza,
ni los suevos ni los vándalos,
ni las suevas ni las vándalas,
den al Fisco un solo real
ni paguen más alcabalas,
más impuestos, más tributos,
más arbitrios, más alfardas.
Y si el ministro que dicen
«el enano de Tafalla»
nos preguntase que quién
a pagar se cierra en banda,
para darle masculillo
o meterlo en la madrasta,
el pueblo todo responda:
«Fuenteovejuna, Solchaga.»
Y en los ámbitos de Iberia,

sobre riscos y montañas,
por cima los Pirineos
y sobre Sierra Nevada,
el gentío o la parroquia
haga un gran corte de mangas.

(*ABC,* 20 de agosto de 1992.)

Romance de *El Patillas*

Antonio Guerra *El Patillas*
se echó el calañés a un lado,
se terció al hombro la manta
de borlas y flecos largos,
agarró bien el trabuco
y entró en la venta despacio.

Se estaba muriendo el sol
detrás de los picos altos
y se alargaban las sombras
por los caminos serranos.
La tarde se oscurecía
bajo el olivar anciano
y jugaba al escondite
con los penúltimos pájaros.
Por los barrancos de Ronda
ya no graznaban los grajos
y las primeras lechuzas
salen al balcón de un árbol
y van abriendo los ojos,
redondos, fijos, pasmados,
a medida que desciende
el gran telón del ocaso.

Antes de cerrar la puerta,
detuvo Antonio sus pasos.
Las cabezas se volvieron

y las miradas se alzaron
por descubrir en seguida
quién en la venta había entrado.
Muy majo tenía que ser
el que llegaba tan majo,
con la manta sobre el hombro,
con el calañés calado,
con botas de media caña
picando en el empedrado,
el desafío en el gesto
y el trabuco descolgado.
Pronto en la venta se supo
quién era el recién llegado:
Antonio Guerra, *El Patillas,*
por más señas sevillano,
que así como las patillas
tiene el gaznate de largo,
y no hay en Andalucía,
desde Linares a Palos,
desde Motril a Sanlúcar,
desde Vera a San Fernando,
quien se le atreva al galillo
en trance de echarse un trago,
y además, por si las moscas
y alguno no se ha enterado,
es *El Patillas* que digo
muy hermano de su hermano.
Y aunque no llegan a siete
los hermanos de que hablo,
porque los que hacen cuadrilla
aún no han pasado de cuatro,
valen más los cuatro juntos
que aquellos siete ecijanos,
flor de leyenda andaluza
cabalgando por el llano.

Un grito de admiración
ahogóse en todos los labios.
Se empinaron las botellas
aún más en sus cuellos largos,

por ver la estampa serrana
de aquel serrano tan guapo.
Las jarras, sobre las mesas,
abrieron bocas de a palmo,
y también, por no ser menos,
lo mismo hicieron los jarros.
Una tormenta de vino
agitó todos los vasos.
Tempestades de moriles,
aguaceros montillanos,
borrasca de manzanillas
y jereces en nublado
llovieron sobre la venta
y en la venta descargaron.
En los campos de viñedos
hubo un tremolar de pámpanos,
se asomaron los racimos
al balcón del emparrado
y se desmayó un sarmiento
en una cepa enredado.
Hubo baile de toneles
y hubo jarana de cántaros,
fandaguillos de pellejos
y sevillanas de frascos.
Mira el anís Machaquito,
que va dando muletazos,
el marrasquino y la absenta
van cogiditos del brazo,
y hablando con el Tío Pepe
viene el coñac Soberano.
Los toneles de Domecq
llegan todos a caballo;
de Málaga «cantaora»
viene la ginebra Larios
y en Jerez de la Frontera
se soliviantan los caldos.

A todos los de la venta
miró *El Patillas* un rato.
Era gente de fiar

con la cual hacer un trato,
bandidos de serranía,
arrieros del contrabando,
bandoleros del alijo,
quinquis del concejalato,
traficantes de influencias
y socialistas con cargo.
Dejó el trabuco en el suelo,
sobre una silla apoyado,
giró el hombro de la izquierda
y se alivió del mantazo.
No se quitó el calañés
por no pecar de educado,
y antes de tomar asiento
se echó en el coleto un trago.
Paladeó la bebida,
chascó la lengua en los labios,
metió la mano al bolsillo
y sacó de él un retrato.
Pidió atención al concurso
y todos le rodearon
empinándose en puntillas
y con el cuello estirado
por mirar mejor la estampa
que *El Patillas* ha sacado.
Un niño en pelota viva
de poco menos de un año,
con cara de mala leche
y con gesto cabreado,
muestra al mundo sus vergüenzas
en una cama sentado.
Más las vergüenzas que muestra
aquel niño tan extraño
no son vergüenzas de niño,
aunque esté muy bien dotado,
sino que son las vergüenzas
del caballo de Santiago.
«Mirad bien a Alfonso Guerra,
que es de *El Patillas* hermano,
y decidme si hay quien tenga

mayores dotes de mando.»
Dijo *El Patillas*, y todos,
se le fueron acercando
y dejaron en la mesa
el dinero de los tratos.

(*ABC,* 2 de septiembre de 1992.)

Romance de la peseta

Si el Gobierno dice «arriba»,
la Oposición dice «abajo»,
y si uno la quiere gorda,
flaca la quiere el contrario,
y está la pobre peseta
indecisa y esperando
a ver si la devalúan
o la mantienen en alto.
Si el dólar está a noventa,
que es como decir tirado,
y si la libra esterlina
veinte puntos ha bajado,
hay que dar sesenta y cinco
castañas por cada marco,
que ya se sabe que el *deutchsland*
viaja en globo por los Bancos,
lo mismo si manda Bismarck
que un demócrata-cristiano,
y a Mitterrand hay que darle
veinte leandras por franco,
franco grande, franco fuerte,
la *grandeur* y los Inválidos,
Víctor Hugo, la Bardot,
Napoleón monetario.
Moi, le general De Gaulle,
Moulin Rouge
y Juana de Arco.

Si el franco de que se trata
no fuera el franco gabacho,
sino ese que llaman suizo,
sale bastante más caro:
catorce duros y pico
hay que dar por cada pavo
de los que ruedan en Suiza
en redor del Monte Blanco,
o circulan en Ginebra
por las orillas del lago,
o corren por los comercios
de Bellinzona o Lugano,
francos neutrales y firmes,
guardianes del Vaticano,
banqueros y calvinistas,
relojeros y judaicos.
A Miguel Servet los suizos
en la hoguera lo quemaron
porque dijo que en las venas
la sangre está circulando,
y eso es muy grande herejía,
pues los suizos comprobaron
que lo que va por las venas
no es otra cosa que francos,
coronas suecas, florines
y dólares australianos,
ecus y yenes, escudos
y hasta chelines austriacos.

No es fácil en este trance
fijar el exacto cambio.
Además de que en Europa
por nuestra fortuna estamos,
formamos parte del ecu
y tenemos once hermanos
en esas once naciones
del fondo comunitario,
y no es fácil removerse
en la franja de los cambios,
hay pesetas muy diversas

según quién sea su amo,
y según quién se las gane
con más o menos trabajo,
y otras muchas circunstancias
que refiero más abajo.

Hay pesetas desmedradas,
con tan raquítico canto,
con cuerpo tan desnutrido
y con valor tan delgado,
que se quedan en los huesos
antes de haberlas tocado,
y en vez de ser una pela,
son dos reales menos algo.
Son esas tristes pesetas
las pesetas que yo gano.
Antes de que me las den,
mete Solchaga la mano,
y se lleva la mitad
más por fuerza que de grado.
Cada finales de mes,
llega Solchaga, don Carlos,
y se lleva media paga
a las arcas del Estado.
Es un ministro lunar
ese Solchaga malvado,
primero, porque recibe
del Sol la luz de sus rayos,
Sol Naciente del Poniente,
como a Felipe llamaron,
y segundo porque pilla
una moneda en sus manos
y en seguida te la deja
como la luna, hecha cuartos.

Y pesetas hay lustrosas,
pesetas como caballos,
orondas, gordas, enteras,
que no les falta pedazo,
que no pasan por Solchaga

porque pasan por debajo
de las mesas donde se hacen
concesiones y contratos,
trapisondas y sobornos,
chanchullos y compadrazgos.
Y hay pesetas que se van
sin saber cómo ni cuándo,
ni por dónde ni por qué,
ni a santo de cuáles santos.
Al santo Daniel Ortega
se las daban a capazos,
a don Carlos Andrés Pérez,
amigo venezolano
de don Felipe González,
se las llevaban a sacos,
y a cambio de un pirulí
se las dan a Fidel Castro.

No vale igual la peseta
que gana un ferroviario,
un albañil, un tornero,
un mancebo, un artesano,
un articulista ilustre,
aunque sea el Autodidacto,
Alfonso Ussía, yo mismo,
o Lorenzo López Sancho,
rico Manolo Vicent,
pobre Jiménez Losantos,
pequeño José Luis Coll
y Camilo Cela, alto,
que la peseta que gana
Jorge Ollero con su hermano,
comiéndose el hormigón
y bebiéndose el asfalto,
que es una peseta gansa
que dejan ganar los gansos,
la peseta que Juan Guerra
afanaba en el despacho,
o la peseta bursátil
que ganaba don Mariano,

con la hermana y con el primo,
con la Preysler y el cuñado.

Esta peseta que digo
es la que ya está clamando
que pronto la devalúen
y la dejen tiritando,
que la metan en la cárcel
y no den por ella un chavo.

(*ABC,* 3 de septiembre de 1992.)

Romance de los obispos

¡Qué cosas dicen a veces
nuestros obispos, tan serios,
tan pastorales, tan sabios,
tan prudentes, tan discretos!
Será que bajo la mitra
se les mete algún diablejo
que les desata la lengua
en un descuido del rezo
y les tienta con la idea
de agitar el «obispero»
metiéndole el aguijón
al pueblo de Dios, al pueblo.
Dicen cosas que parecen
impropias del pastoreo
y ni siquiera son dignas
de algún prelado doméstico,
canónigo prebendado,
arcediano o racionero.
Dicen cosas los obispos
que no las salta un torero,
y tampoco se las salta
en Santiago el pertiguero.

Aquel monseñor Echarren,
obispo del archipiélago,
cogió a don Alfonso Guerra,
lo trajo hasta el Evangelio

y después nos lo mostró
como si fuera san Pedro,
y como si sus hermanos,
Antonio, Adolfo y el Creso,
que lleva el nombre de Juan
por lo que levanta el dedo,
fueran todos en pandilla
los Hijos del Zebedeo.
Desde entonces ya son cinco
los santos del Evangelio,
san Juan, san Lucas, san Marcos,
san Alfonso y san Mateo.
Lo que el san Alfonso escriba
de Jesús el Nazareno,
sea añadido desde hoy
en el Nuevo Testamento,
y que monseñor Echarren
lo vaya agregando al Credo:
la catarsis para todos
del rito ortodoxo griego;
la llamada «ley del bronce»
que él la llama «ley del hierro»;
el Mystere para los toros
si lidia Curro Romero;
el sermón de la Montaña
que pronunció en el Congreso
antes que el gallo cantara
el kikirikí patético;
el Socialismo de Jávea
para el segundo milenio;
el milagro de los panes,
los peces y los dineros,
que en vez de multiplicarse
no se sabe dónde fueron;
los millones de Rumasa,
«to p'al pueblo, to p'al pueblo»,
que fue doctrina infalible
del Concilio de Toledo;
el despacho de Sevilla,
confesionario secreto

donde acudían las almas
a recitar padrenuestros
de los de danos el pan,
la mantequilla y el queso,
el Mercedes, el cortijo,
el órgano, el propileo,
el santo Grial, el cepillo
y san Roque con el perro,
la María Jesús en Roma
y la cananea en cueros.

El obispo de Solsona
se resiste a ser batueco,
que quiere ser catalán
sin ser español al tiempo,
y quiere abrir campanario
a la otra orilla del Ebro.
Y dice la Conferencia
de los obispos ibéricos
no debe haber presidente
de los catalanes fueros,
que el Dios de los catalanes
no es el Dios de los gallegos,
ni el Dios de los castellanos,
ni el Dios de los extremeños,
ni el Dios de los vascongados,
ni tampoco, mucho menos,
el Dios de los andaluces,
que es un dios más sandunguero.
El Dios de los catalanes,
según al obispo entiendo,
ya que quiere estar aparte
del rebaño celtibérico,
será un Dios con más mercedes,
más providencia y ejemplo,
un señor más generoso,
más industrial, más espléndido,
con los cirios más hermosos
y que pide menos diezmos.
Que los batuecos se queden

con sus obispos batuecos
y si buscan presidente,
que los presida san Pedro,
que un obispo catalán
no puede bajarse a eso.
Y que los muertos entierren
ellos solos a sus muertos.
Dijo el de Solsona obispo
y la bendición dio luego.

Y el obispo de Donostia,
con los terroristas dentro,
etarras de sacristía
y arciprestes de fogueo,
que no sabe si moverse
o por fin estarse quieto,
si predicar el perdón
o entrar en el tiroteo.
Algunas veces parece
capellán de bandoleros,
y otras dice que a matar
ninguno tiene derecho,
así que una vela a Dios
y otra al diablo va encendiendo,
y ya no hay dios que lo entienda
ni en la tierra ni en el cielo.

Y con esto ya llegamos
al obispo mas hodierno,
más actual, más de moda,
el pastor de Mondoñedo.
Se llama don José Gea
tenor de tanto resuello,
mitinero a lo divino
y predicador terreno.
Ha dicho el señor obispo,
y yo sin dudar lo creo,
que votar a socialistas,
sociatas o gonzaleros,
que a estos chicos se les nombra

con los tres nombres diversos,
es algo así como entrar
con el diablo en el templo.
Gentes con esos programas
tan procaces, tan ateos,
y que con tanto descaro,
metan manos en lo ajeno,
no merecen ser votados
de católicos confesos.
Dijo el obispo y después
se santiguó en Mondoñedo,
y se encomendó al Apóstol
Santiago, el Hijo del Trueno.

(*ABC,* 4 de septiembre de 1992.)

Romance ecuestre

Por la serranía viene
la banda de Alfonso Guerra
con el naranjero al hombro
y de hierro las espuelas.
Cabalgan bajo la luna,
luna de plata y de seda,
por la noche sevillana,
noche que noche nochera.
Cabalgan hacia Madrid,
hacia Semillas Selectas,
palacio de la Moncloa,
donde al país se gobierna.
Tropa de renovadores
a defenderse se apresta,
y rodea a don Felipe
mientras él duerme la siesta.
Ya los clarines anuncian
que va a empezar la pelea,
tan pronto saquen las urnas
y caigan las papeletas.

A medida que cabalgan
y a medida que se acercan,
pone el viento en los olivos
banderas a tiras negras,
y dan gemidos de miedo
los frutales de las huertas.

Viene delante el Alfonso
junto a los otros tres Guerra;
el gesto, serio y adusto
y la sonrisa siniestra,
hechas de rencor las botas
y las leyes por montera.
Detrás del Alfonso viene,
montado en jaca extremeña,
el capitán de las cabras
con navaja cabritera,
garrofas en el sombrero
y bellotas por chorreras,
que no hay otro más leal
ni que más le tire al Guerra
por encima de Moguer
ni por bajo de La Alberca.
Con él no pueden los jueces,
ni los jueces ni las juezas,
y a quien dice que con cabras
en su gobierno gobierna,
le llama al punto cabrón,
sin recabar la licencia
y con estos argumentos
el diálogo cancela.

Viene Matilde Fernández,
ministra cabezahueca,
amazona en un jumento,
o quizás una jumenta,
por eso del feminismo,
que es de tener muy en cuenta,
y hasta en las cabalgaduras
ella la cuota respeta.
Lleva la bolsa en la mano
para repartir monedas,
y las va dando a puñados
a lumias, a proxenetas,
a maricones con pintas,
a lesbianas con cenefa,
a estudiosas que investigan,

cuándo sale en la entrepierna
esa tierna pelusilla
donde los dedos se enredan.
Si Rosa lleva flequillo,
ella flequillo no lleva,
que lleva el pelo caído
de descuidada manera,
recogido por un lado
y por otro en orejera.
A pesar de ser ministra,
Matilde quedó soltera,
así que a su jefe Alfonso
en cuerpo y alma se entrega.

Viene Ludolfo Paramio
con Carlos Marx en la cresta,
y Guillermo Galeote
repartiendo sus obleas,
y viene Carlos Sanjuán
con toda su patulea,
pensionistas y parados
de autobús y de merienda,
votantes de subvención
y militantes de juerga.
Caballero en triste rucio,
sin cabezal y sin riendas,
sin estribos y sin silla,
viene Sáenz de Cosculluela,
llorando, como ese niño
al que los demás no esperan.

Despeñaperros arriba,
están los otros en vela.
Secuestrado han a Felipe,
y organizan la defensa.
Vigilan desde el castillo
en lo alto de las almenas,
y allí está Javier Solana,
con la bragueta aún abierta,
el tratado de Mastrique

tiene en su mano derecha,
y la *Comedia* del Dante
en la su manita izquierda.
La Gramática ha dejado
por aprender otras lenguas,
ahora que lo hizo Felipe
ministro de la «carrera».
Y allí está, tocando al piano
lo del *soldat* con Marieta.
No me mates con tomate
y el mátame con mongetas,
el político floral
que llaman Narciso Serra.
Dios nos pille confesados
gane quien gane esta guerra.

(*ABC*, 7 de septiembre de 1992.)

Romance del adiós

Adiós, adiós, don Mariano;
adiós, don Mariano, adiós,
recuerdos a la familia
y a todos los de Ibercorp.
Recuerdos a doña Carmen,
que en Viena se desposó
al arrullo de las olas
del Danubio encantador,
entre valses inmortales
y pasos de equitación,
vestidita de amarillo,
comprometido color,
y saliendo de la casa
del señor embajador.
No sé si niños cantores
cantaron en la ocasión,
ni tampoco funcionarios
del Banco de la Nación,
porque se casó sin cantos
el señor gobernador.
Siempre las segundas nupcias
tuvieron menos fulgor,
y don Mariano tenía
un matrimonio anterior
de antes de que Jaime Soto
les manejara el pastón.

Dé recuerdos a su hermana,
que a sus pies me pongo yo
con el respeto que pide
la famosa operación
y dama de tanto agio
y mobiliario valor.
Últimamente, en España,
se nota mucho el amor
que se deben los hermanos
de idéntico sexo o no,
que el mismo derecho tienen
la fémina y el varón
a disfrutar las ganancias
de toda especulación.
Si los hermanos Ollero
masculinos son los dos,
y si en los hermanos Guerra
la cuota no se cumplió,
y no hay mujer entre ellos
como pide la Falcón,
es sin duda de justicia
y también es de razón
que haya una hermana en los socios
que formaron Ibercorp.
Alguien tiene que aplicar
la confraternización
con la rama femenina
que siempre sufre exclusión.

Recuerdos a su cuñado,
que es gabacho de nación
y que puso un galicismo
algo desorientador,
una sombra de Corneille
o un recuerdo de Villon,
en esa frase económica
que llamaron Ibercorp,
que ha dado tantos disgustos
y tan buen dinero dio.
Los duelos con pan son menos,
como dijo Salomón.

¡Qué conveniente cuñado
para el trajín exterior;
Luxemburgo, Las Bahamas,
Liechtenstein o Nueva York!
De cuñados oportunos
hubo siempre floración,
Gamazo, que fue de Maura
el principal valedor;
Rivas Cherif, don Cipriano;
Serrano Súñer, Ramón;
Carlos Robles, el de Fraga;
Lito, el de la transición,
y Francisco Palomino,
que viajaba en el *Azor*
con don Felipe González
en alguna vacación.

Recuerdos a Isabel Preysler,
el filipino primor,
gala de las inefables
revistas del corazón,
ex mujer de Julio Iglesias
y del marqués de Griñón,
y esposa en terceras nupcias
de don Miguel Salvador,
cónyuges que disfrutaron
de una participación.
Todo lo que venga es poco:
el *Hola,* Televisión,
Porcelanosa, las Koplowitz,
Contratas o el Ibercorp,
que el chalé *Villa Meona*
necesita un fortunón.

Adiós, adiós, don Mariano,
adiós don Mariano, adiós.
Grandes cajas de caudales,
de la Banca nata y flor,
se sentaron a la mesa
del ilustre comedor,

y a Mariano despidieron
como persona de pro.
Todos fueron a la cita;
sólo faltó el sucesor,
que estaba en el extranjero
en importante reunión
y que muy sentidamente
la ausencia justificó;
pero dijo que el informe
que ha causado expectación
lo tiene muy bien guardado
en el fondo de un cajón,
con un letrero que dice
«Top secret» o «Secret top»,
y lo que dice ese informe,
aunque se lo pida Pons,
no ha de conocerlo nadie
por la gloria de Cotón.

Llegó don Luis Ángel Rojo
(¡qué apellido, san Trifón,
que será, detrás de Rubio,
una intensificación!)
y dijo que lo que dijo
en su tiempo el inspector
es secreto tan secreto
como el de la confesión;
es como el tercer secreto
que nunca se reveló
y que la Virgen de Fátima
a la pastora dictó.
Ni el Congreso, ni el Senado,
ni el pueblo, ni la nación,
ni en esas autonomías,
de nuestra Constitución,
ni en la alegre Andalucía,
ni en Castilla ni Aragón,
ni la *freedom* Catalonia
que quiere Jordi Pujol

conocerán el secreto
que guarda el gobernador.
Ese secreto es secreto
que sólo lo sabe Dios,
aunque yo me lo imagino
sin mucha imaginación.

(*ABC*, 12 de septiembre de 1992.)

Romance de Filesa

¡Oh, *holding* de los sociatas,
oh, ramillete de empresas,
laberinto de negocios
y tráfico de influencias!
¡Oh, ciudad de los sociatas,
en las esquinas cerezas,
las peritas en almíbar
cuelgan de todas las rejas!
¡Son las casas de turrón
y de azúcar las iglesias,
el municipio de nata
y la cárcel de canela,
las torres de caramelo
y los tejados de fresa,
y Guillermo Galeote
venga de pasar la lengua!
Estaba tan encelado,
chupando con otros trepas,
que se pone muy nervioso
si ve que alguno se acerca
por si quisiera quitarle
el chupachups de frambuesa,
y dice que hay que empezar
a repartir las obleas.

En la pradera, las vacas
paciendo están verde yerba,

rumiando tranquilamente
y henchidas ambas dos tetas,
que son vacas, vacas, vacas,
vacas que vacas lecheras,
mientras con el rabo espantan
las moscas que les molestan.
Los sociatas tienen vacas
mas no vacas cualesquiera.
Si una se llama Rumasa,
otra se llama Malesa,
Time Export y Viajes Ceres
y otras muchas a docenas,
pero la más generosa,
la más dulce, la más tierna,
la vaca más divertida
que hay en toda la pradera
es esa vaca rosada
conocida por Filesa.
Esa vaca da una leche
que hasta en Suiza la celebran,
y por eso los lecheros
se la llevan a Ginebra.
No hay que temer que estas vacas
caigan de algún modo enfermas,
pues están inmunizadas
contra cualquier emergencia,
y gozan de un buen seguro
contra el Tribunal de Cuentas.

Las finanzas del partido
de esas ubres se alimentan,
y ya saben los lectores
lo que estos chicos ingenian
cuando se trata de echar
monis a la faltriquera.
La vaca, vaquita, vaca,
a todos les alimenta
y han de alimentar la vaca
para que no se les muera.

Hay que aguzar el ingenio,
calentarse la mollera,
hacerse los sesos agua
y buscar una manera
de tener la vaca gorda
y bien henchidas las tetas,
que cien años de honradez
dejan delgado a cualquiera,
y ya se sabe que el hambre
aguza la inteligencia.

Se quedaron un buen rato
con la mano en la cabeza,
y al cabo de varias horas
se les encendió la idea
cual bombilla del tebeo
de los de antes de la guerra.
Cogieron a un japonés
que pasaba por la Puerta
de Alcalá, la que cantaron
el Víctor y Ana Bolena,
y la que cubrió Mingote
con historias de acuarela,
y se fueron a Tokio
en un avión de Iberia.
Compraron preservativos
a pocos yenes la gruesa,
y luego los repartieron
por farmacias y apotecas.
Para hacerle propaganda
al fez de la cebolleta,
le pidieron a Matilde
que inventara una conseja.
Y así fue como Matilde,
una noche de jaqueca,
salió con el «Póntelo»
o el «Pónselo» si eres hembra.
Cogieron al sacristán
de San Cojoncio de Trueba,

y le encargaron que compre
los rosarios a centenas,
rosarios de plata fina
y rosarios de madera,
rosarios de jade verde,
toscos rosarios de piedra,
rosarios de nácar blanco,
rosarios de piedra negra.
Los metieron en cajitas
y los mandaron a América.

Cada vez que algún batueco
se fornica a una batueca,
poniéndose el capuchón
por higiene o por cautela,
los socialistas, al bote
echan algunas pesetas.
«Póntelo», dice Matilde,
y caen algunas monedas.
«Pónselo», dice también
la ministra, si es a ellas,
y cuando ellos se lo ponen
o ellas se los encasquetan,
dineros que caen, dineros
a las arcas gonzaleras.
Este país, ya se sabe,
es muy bravo de bragueta,
y se hacen buenos negocios
con eso de la entrepierna.
Es una afición hispánica,
ibérica y celtibérica,
una afición que no tiene
entre nosotros enmienda,
y que nos dure, a Dios gracias,
y no decaiga la fiesta.
Y cada vez que un cholito,
un gaucho, una panameña,
una indita de los Andes
o un mexicanito azteca,

reza un misterio glorioso
a avemaría por cuenta,
al bolso nuestros sociatas
se echan unas cuantas perras.
¡Mirad si no es divertido
el trasiego de Filesa!

(*ABC,* 13 de septiembre de 1992.)

Romance de la Parrala

Qué vaya a hacer la Parrala
nadie en el pueblo lo sabe.
Todo el mundo lo pregunta,
pero no responde nadie.
Lo cantan en el tablao
los cantaores del cante,
a veces por cante chico
y a veces por cante grande,
lo cantan por seguiriyas,
lo cantan por soleares,
por el cante de las minas,
por el cante de Levante,
y lo van cantando niños
por las plazas, en romances.
Se comenta en el café,
lo murmuran las comadres,
se dice por las esquinas
y se parlotea en la calle.
El médico lo pregunta
y lo pregunta el alcalde,
lo pregunta el boticario
a los tres municipales,
y el cura a los parroquianos
el domingo por la tarde.

Unos dicen que quizás
y otros que no habrá quizases,

algunos dicen que sí,
y otros que no, por su madre.
Hay quien dice que es seguro,
que se lo ha dicho un viajante
que es el primo de un cuñado
de la mujer de un bergante
que vive en la misma casa
en que vive un ayudante
del ministro de la cosa
del gobierno que hubo antes.
Y hay quien dice que ninguno
puede dar seguridades
porque cualquier decisión
todavía está en el aire,
y ni la misma Parrala,
si le pides que lo aclare,
aclarárnoslo podría
en este preciso instante.
Y hay un tercero que afirma,
ante quien quiera escucharle,
que es ya muy seguro el no,
que ha dicho un «no» terminante,
que ya es más que suficiente,
que ya ha tenido bastante,
y que parece normal
que la Parrala se canse
y que se eche a descansar
en cuanto que pille un catre.
Y que si a alguno le pica
la decisión, que se rasque.

Todos estaban en estas
cuando del público sale
un cantaor del aurresku
que algunos llaman Tomate,
y otros que, sin duda, son
más leídos y elegantes,
llaman Chiquito de la
Motorola Trashumante,

y dijo que él conocía
lo que no conoce nadie.

«¿Quién me compra este misterio?
A ver si lo compra alguien,
y si nadie me lo compra,
lo regalaré de balde.»
Tomó el niño la guitarra,
dio los primeros compases,
cortó la gente el resuello
esperando que se arranque,
y a ver por dónde se arranca
el donostiarra compadre,
si sale por peteneras
o por Antequera sale.
«Ya se aclaró este misterio
y no hay de qué preocuparse.
La Parrala ha dicho sí,
y si ella lo dice, vale.»

Se puso la gente a hablar
lo que es natural que hable,
que si pitos, que si flautas,
que si detrás o delante,
que si la Parrala tiene
un vestido de lunares
al que ya se le han caído
las nesgas y los volantes,
que si bebe marrasquino,
que si ya no le da al baile,
que si está sola de noche,
que si llora a algún amante,
que el geranio se secó,
que la rosa no es fragante,
que donde creció el clavel
ya sólo crece el baladre,
que el jazminero que daba
jazmines a jazminares,
tiene el ánimo caído
y amenaza con mustiarse,

que no la confiesa el cura,
que no la bendice el fraile,
que los mocitos suspiran
por su cintura y su talle,
o que si al pie de su reja
viene menos gente que antes.

Se levantó la Parrala,
porque todos la mirasen.
Se hizo el silencio en la sala.
Cortarse podía el aire.
«No digo ni sí ni no.
Aún no es tiempo de que hable,
que hasta en la Biblia se dice
que hay un tiempo a cada trance.
Cuando tenga que decirlo,
lo diré si es que me place.
Y mientras yo no lo diga,
dejadme ya en paz, dejadme.»
De este modo a la asamblea
habló Parrala González,
y las espadas quedaron
como las dejó Cervantes
en manos del vizcaíno
y del caballero andante.
Y el de Donostia quedó
con todo el culito al aire.

(*ABC,* 14 de septiembre de 1992.)

Romance del tebeo

Han hecho los socialistas
para empezar la campaña
de los Diez Años de Paz,
que también son de mangancia,
un tebeo tan gracioso
que a todos nos ha hecho gracia.
Mi suegra se está riendo
desde ayer por la mañana
y el propio Joaquín Leguina
prorrumpió en la carcajada.
Allí se cuenta la historia
de cómo dejan España
don Felipe y don Alfonso,
la pareja sevillana,
a los diez años cumplidos
de paraíso sociata.

Mejor que decir tebeo,
diremos cuento de hadas,
el cuento que Alfonso Guerra
nos cuenta junto a la almohada
para dejarnos dormidos
después de ver dicha tanta,
y que a votar socialista
nos levantemos mañana.
El país en que vivimos
es más feliz que la Arcadia

y aquí se vive mejor
que pueda vivirse en Jauja.
Las viviendas protegidas
son de chocolate y nata,
con las puertas de turrón
y el balcón de mermelada,
las escaleras de azúcar,
y además salen baratas.
Pide usted la casa hoy
y se la entregan mañana.

Si a un celtíbero le dan
las calenturas tercianas,
o le pilla un paralís
o le entra una escurribanda
que se lo lleva Manuel
en menos que un gallo canta,
no tenga preocupación
que aquella misma mañana
ya ingresa en el hospital
y tiene médico y cama.

Cualquier familia española,
¡menuda vida se rapa!
Al niño mayor lo llevan
a que estudie en Alemania
o bien diseño electrónico
o ciencia termodinámica,
que es lo que estudiaba el Guerra
por el barrio de Triana.
El niño pequeño tiene
una beca asegurada
para que pueda seguir
carrera universitaria,
y la chica, al día siguiente
en que salió graduada,
ha encontrado un buen trabajo
y ayuda al gasto de casa.
Y además, doña Matilde,
en horas extraordinarias,

le enseña a planificarse
y a no quedarse preñada.

Los abuelos, hasta ahora,
no habían pisado la playa.
Soñaban con ver el mar
desde su más tierna infancia.
Vinieron los socialistas,
ya están los dos en la hamaca,
mirando venir las olas
de la mar mediterránea.

Los niños pueden jugar
en la calle o en la plaza
porque ya hay seguridad
y a nadie le pasa nada.
Agoniza el terrorismo,
la delincuencia se acaba,
ya no se vende la droga
en las esquinas urbanas,
y en los cuidados jardines,
llenos de flores y plantas,
los viejecitos pasean
y las jovencitas charlan.

Por las carreteras nuevas,
los conductores avanzan
diciendo: «¡Qué maravilla!
¡Qué bien está la calzada!
¡Qué seguro es el camino
que los socialistas trazan!
¡Es mejor que la *autoroute,*
la *autobann* y la *autostrada!*»

Al terminar el tebeo
de la década sociata,
no sabe el españolito
si vive aún en España,
si será verdad el cuento

y está morando en la Arcadia,
si tendrá razón el Guerra
y esto, señores es Jauja,
o es que se creen estos pillos
que estamos todos en Babia.

(COPE, 26 de octubre de 1992.)

Romance de *Villa Meona*

El año noventa y dos
es año de maravillas.
Se cumple el medio milenio
de las naves colombinas
y se celebran solemnes
festejos en la península.
Fraga invita a Fidel Castro
a que visite Galicia,
y le ofrece una empanada
de berberechos o anguilas,
ostras de Arcade, centollos,
nécoras y zamburiñas,
el chorizo con cachelos,
el lacón con las nabizas,
blanco vino del Ribeiro,
el buen queso de tetilla,
y un conjuro de queimada
contra Bush y contra *Rigan*.

Alzamos la Exposición
Universal de Sevilla.
Construyeron pabellones
todas las naciones ricas,
muchos entraron de guagua,
sin pagar ni perra chica,
y a don Jacinto Pellón
las cuentas se le amotinan.

Entre Francia y Alemania
el AVE raudo fabrican,
que va a doscientos por hora
por La Mancha y por Castilla,
atropellando conejos,
cabras, ovejas, gallinas,
lugareños, lugareñas,
quinquis, vecinos, vecinas,
con la música de Schubert
enredando en las encinas.
Llegan ilustres sudacas
con las manos extendidas,
unos por dar el abrazo,
otros por pedir la guita,
y don Luis Yáñez Barnuevo
pide perdón a los incas,
primero por el Encuentro
y después por la Conquista,
y a Juan Sebastián Elcano
le deja sin la barquita,
que la *Victoria* se hundió
al abandonar la orilla.

Transcurren en Barcelona
los grandes juegos de Olimpia
y España gana en medallas
lo que Pujol paga en tirria.
En San Millán se reúne,
la gran familia lingüística
porque hace quinientos años
que don Antonio Nebrija
dio al castellano gramática
castellana y no latina.

Pues con ser tantos los fastos
del año que ahora termina,
ninguno le gana en pompa,
ni en lujo, ni en nombradía,
a este asombroso prodigio
que es la casa de la China.

El palacio de los Preysler
es más nuevo que el de Liria,
y está, con Miguel Boyer,
Jesús Aguirre que trina,
sin el desmayo oriental
ni la caseta canina.
Es el orgullo mayor
del rebaño socialista,
porque tiene no sé cuántas
salas, salones, salitas,
bibliotecas, gabinetes,
dormitorios y piscinas.
Dieciséis cuartos de baño,
con su bidé y con su tina,
ponen en cada rincón
seguridad intestina.
Si un retortijón te viene,
en un santiamén te alivias,
y si padeces el mal
de incontinencia de orina,
no tienes que preguntar
por tualeta o por letrina,
porque han puesto un inodoro
al volver de cada esquina.
Por eso *Villa Meona*
la bautizó Alfonso Ussía.

El dormitorio de Chábeli
es un nido de zuritas,
y aunque el cuarto de los chicos
es estancia más sencilla,
Anita y Tamara duermen
en lecho de princesitas.

Azules son como el cielo,
azules de ola marina,
azules Inmaculada
las sábanas de la Niña,
los almohadones azules,
y azules las alfombrillas,

todas las colchas azules
y azules las cortinillas.
Así, dormida entre azules,
será Isabel una isla
cabe los mares que bañan
las lejanas Filipinas.

Pero lo más asombroso
de la casa de la China
es que en ella se resume
la década socialista,
la honradez y la igualdad
en ella se simbolizan,
y es como el piso piloto
de alguna cooperativa
que don Nicolás Redondo
hace con los ugetistas.
Es una muestra que da
Felipe del alma mía
de lo que serán ahora
las viviendas protegidas.

(COPE, 2 de noviembre de 1992.)

Romance del *Cacerolo*

En el café de Chinitas
le dijo *el Negro* a su hermano:
«Soy más sociata que tú,
más ollero y más gitano.»
Estaba Manuel Ollero,
el Cacerolo apodado,
con las alforjas al hombro,
sentado enfrente de un vaso,
no sabemos si montilla
o si fino jerezano.
Se ladeó el calañés
y bebió un sorbo despacio,
marcó un par de carraspeos,
dejó el naranjero a un lado,
alzó la mano derecha y,
mirando de soslayo,
dijo con la voz entera
y el acento sevillano:

«Igual Ollero que yo
serás porque eres mi hermano,
pero si en hacer las ollas
los dos parejos estamos,
en llenarlas de dineros,
no hay quien me lleve la mano,
que en lo que se reza un credo
y en menos que canta un gallo

dejo las ollas que hacemos
henchidas, no de garbanzos,
sino de azules billetes
de esos que firma Mariano,
ese que se fue a Ibercorp
y que ya no está en el Banco;
billetes que en maletines
van por Sevilla viajando.
Ni más sociata que yo
eres tú, ni más gitano.

»Socialista hasta los forros
tengo que ser por forrado,
y gitano de combina
por lo que llevo apandado.
Todos en Andalucía
saben que soy el más rápido,
no ya en sacar las pistolas,
sino en meter en el saco,
no en desenfundar revólver,
sino en pegar el sablazo.
Si me llaman *Cacerolo*
es por lo que estoy guisando,
que yo, como Alfonso Guerra,
soy quien prepara los platos,
y si a ti te llaman *Negro*,
siendo como eres mi hermano,
será porque el dinerito,
o más bien el dinerazo,
que traes y llevas es negro,
negro, negrito, negrazo.»

Cuando terminó de hablar
Cacerolo este buen rato,
apuró la manzanilla
solamente con un trago,
se llevó la mano al pecho
como los hombres honrados,
echó mano al naranjero
que es cautela por si acaso,

se reafirmó las alforjas
del alijo intermediario
y en el café de Chinitas
todos quedaron callados.
El Negro puso los ojos
en la punta del zapato,
modo de reconocer
de *Cacerolo* el primado;
afirmó con la cabeza
ese que llaman el *Árbol,*
Whisky, Jesusín y el *Willy*
en silencio aseveraron,
y por si quedaba duda,
para que quedara claro,
sobre el velador alivian
unas docenas de fajos,
y hasta doña Aida Álvarez,
Ópera para los tratos,
se inclinaba a saludar
como se hace en el teatro.

El Cacerolo y *el Negro*,
terminado el alegato,
se marcharon del café
como dos buenos hermanos,
uno, con el maletín,
el otro para el despacho.

(COPE, 16 de octubre de 1992.)

Romance del beduino

Vino a España el beduino
desde el remoto emirato
con la cándida chilaba
y con el turbante blanco.
Venía con los camellos
hasta la giba cargados,
que si dos gibas tuvieran
se llamaran dromedarios,
de modo que parecía
que llegaba algún Rey Mago
para adorar a Felipe
y traerle los regalos.
El beduino que vino
no es ningún pobre morángano,
que es ministro de Finanzas
y del emir primo hermano.
Ya se sabe que los reyes
tienen los primos a esgallo.

Los camellos no traían
los higos encofinados,
ni dátiles del desierto,
ni otros alimentos raros
que a los nómadas ofrecen
los oasis más soñados.
Portaban esos camellos
petrodólares a sacos,

porque al emir de Kuwait,
Jaber al Sabah nombrado,
el oro negro le brota
de la arena o del peñasco
lo mismo si juega al guá
que si da un zapateado.
Le salen los petrodólares
por las orejas a fajos,
y así Saddam Hussein
quiso quitarle el barato.

Estaba España de oferta
o mejor aún, de saldo,
que todo lo que tenemos
lo damos a buen mercado,
lo mismo los explosivos,
el acero o los naranjos,
y hasta vendemos el alma
si alguien nos da cuatro cuartos.
Los Explosivos Río Tinto
los beduinos compraron,
que gustan correr la pólvora
en el caballo montados.
Compraron también Ercrós
para químicos ensayos,
se merendaron Agrícolas,
el Ebro se merendaron,
con ser río caudaloso
que da en el Mediterráneo.
Y en un barco de papel
en Torras desembarcaron.
Pusieron en el negocio
a un catalán empresario
que a la Garriga Nogués
a pique había ya echado
y que si se pone a hundir,
empresas de gran calado
se carga un portaaviones
o afonda un acorazado.
Lleva por nombre Javier,

nombre de santo navarro,
y por apellido lleva
uno que es muy delicado,
algo que está en el rosal
y otros ponen en la mano
igual que si fuera un tiesto
para plantarlo en el patio.

Salió rana el de la Rosa,
y fue Solchaga burlado.
En España es la cultura
cultura del pelotazo.
Se esfumaron los dineros
y los puestos de trabajo.
Se llevó cien mil empleos
la higa de los mahometanos.
Se llevaron los millones
los pícaros avispados.
Se van con los petrodólares
a Oriente los Reyes Magos
y don Felipe se queda
con narices de tres palmos,
y diciendo kío-kío
como un pollo desplumado
o dando el kikirikí
como de Morón el gallo.

(COPE, 9 de diciembre de 1992.)

Romance de *Aida*

Si le preguntan a usted
por una ópera de fama,
no se le ocurra citar,
por ejemplo, *La Traviata.*
No recuerde su memoria
Cavallería rusticana,
Madame Butterfly olvide
y *El trovador* y la *Ariadna.*
Ni siquiera a Mozart loe
citando *La flauta mágica.*
Si se hablara de una ópera
en las tertulias hispanas,
igual en las radiofónicas,
como la de esta mañana,
que en cualquier reunión de amigos
o cuchipanda privada,
sepan ustedes, señores,
que están hablando de *Aida.*
Aida, dice el tertuliano
y también la tertuliana.
Aida, escriben los diarios
en cabecera de página.
Aida, dicen las revistas
que salen cada semana.
Aida, dice el juez Barbero
cuando el sumario repasa.
Y los hermanos Ollero,

y la banda sevillana,
y los golfos de Filesa,
y la socialburocracia
del despacho de Ferraz
donde el PSOE se financia,
y el chófer de Alfonso Guerra,
que la gozó desposada,
y su segundo marido
que a Felipe pone alas,
y el yanqui de la McDonell
que soltó un montón de pasta,
pronuncian a coro el nombre
que está de moda en España,
como en una cantinela
que jamás termina: *Aida.*

Aida llegó al socialismo
talmente descamisada,
una mano por delante
y la otra mano en la espalda,
el latino dice *in púribus,*
y yo en pelota picada.
En el bolsillo de *Ópera,*
qué bien las monedas cantan,
no hay ópera donde cante
el din-don de la telángana
mejor que canta el dinero
en esta *Ópera* sociata.
Tanto financia al partido
cuanto a sí misma financia,
y al cabo de pocos años
está la *Ópera* forrada,
que entrar de lleno en el PSOE
es igual que entrar en Jauja.
Y en cuanto estos socialistas
ven la faltriquera hinchada,
ya se sabe que en seguida
se construyen una casa,
dentro del Plan de Viviendas
que nos prometió Solchaga.

Tiene la casa de *Ópera*
dos, o tres, o cuatro plantas,
con un *jacuzzi* que suelta
cuatro chufletazos de agua,
y el cuarto donde tomar
los vapores de la sauna.
Y tiene la novedad
posmoderna y proletaria,
que tendrá ya pronto toda
vivienda subvencionada:
el armario frigorífico
donde las pieles se guardan,
los visones, los leopardos,
los zorros, zorras y martas,
y la piel de doña *Ópera,*
que es una piel de elefanta.

(COPE, 11 de enero de 1993.)

Romance de la Camilla

Marchaba Camilla Parker
al volante de su coche
rodando por esas calles
entre las nieblas de Londres.
Está lejos el marido,
que es brigadier en la corte,
y también lejos el príncipe
que a Camilla el seso sorbe,
así que no tiene a nadie
que la requiebre y la sobe,
y es mala la soledad
cuando abrasan los amores.
El marido de Camilla
se mete en el uniforme
mientras el amante Carlos
se mete en sus pantalones.
Espera el príncipe Carlos
corona que le corone,
y el marido, a la cabeza,
lleva sombrero bicorne,
que es corona de unos reinos
que el cielo nos los perdone,
y regalo delicado
de su querida consorte.
Dicen que también don Carlos
porta ornamentos tan nobles,

que la princesa Diana
le ha bordado alguna noche.

Muy cachonda va Camilla
entre las nieblas de Londres,
triste y sola, sola y triste,
sin tener a mano un hombre,
y sin que aprieten sus manos
más que el volante del coche.
Al sonar la motorola
un vuelco le ha dado el *cuore.*
¿Será el príncipe quien llama?,
y a Camilla se le pone
hirviendo la sangre toda
cuando Carlos le responde,
que es sangre que ya corrió
por venas de otros pendones
y que calentó la cama
de otro rey de los sajones.

Ni con estar en sus pantis
está el príncipe conforme,
que quiere estar más adentro,
en donde están los tapones
que alivian la novedad
de damas y maritornes.
Se sabe que san-Gre...gorio
visita a ricas y a pobres.
Se despidieron los novios
después de muchos adioses
y de muchos arrumacos
y de prometerse el lote,
y de decirse ternezas
de poéticos pastores,
hablándose de retretes,
de tampax y posiciones
del amor, abajo, arriba,
qué ajetreo en los colchones,
kamasutra telefónico,
ars amandi de bocones.

Cuando Carlos ya sea rey
hará a la Camilla noble
y la nombrará marquesa
de los Reales Tapones.
Y a su marido le hará
brigadier de cornalones
con derecho a usar divisa
de rehiletes y rejones
y dos tampax astifinos
enfundando los pitones.

(COPE, 18 de enero de 1993.)

Romance de la pareja

Ya están otra vez de acuerdo
Rinconete y Cortadillo,
los granujas mozalbetes
del relato cervantino
que el patio de Monipodio
alumbró en Sevilla mismo,
cuna de muy grandes hombres
y también de grandes pícaros.
Si ayer estaban de morros
y casi a brazo partido,
hoy están con arrumacos,
con zureos y con mimos,
que para unir galopines
en voluntad y destino
sólo hace falta que tengan
los dos el mismo objetivo.
Cuando está el conejo cerca,
los perros se hacen amigos;
los galgos y los podencos
hacen el mismo camino.

Los dos pícaros del cuento
que este martes resucito
dejaron pasar los días
sin darse uno al otro el pico.
Pudiera parecer que
no se hubieran conocido.

Si Rinconete convoca
a una junta del partido,
a la asamblea no asiste
el pícaro Cortadillo.
Y cuando Rincón perora,
Cortado queda dormido,
sin hacer palmas siquiera
por salir del compromiso.
Otras veces se rompía
el pulpejo y los nudillos
cada vez que Rinconete
entreabría los morritos.
Algunos a Rinconete
le dieron por redimido
de tan mala compañía
como supone su amigo,
y fiaron en Narcís
que de Cataluña vino
a ser vicepresidente
con finura de narciso.
Y otros dieron por difunto
al vivales Cortadillo
cuando difunto no estaba,
sino sepultado vivo.
Ni Solchaga ni Leguina,
ni Solana el preferido,
ni el pianista virtuoso,
ni Morán el del olvido,
ni don Luis Gómez Llorente
que vegeta en el exilio,
han podido rematarlo
y encajonarlo en el nicho.
Siete vidas como el gato
tiene este tirachilindros,
y aunque caiga de muy alto
no se revienta el minino.

Pero en llegando febrero,
que es un mes harto felino,

se poblaron los tejados
de Zapes y Zamaquildos,
Micifuces, Zapirones,
Marramiaos y Hociquirrinos,
y las horas de la noche
estallaban de maullidos.
Ya no puede disfrutar
del tejado a su capricho
el gatazo galopín
del galopín Cortadillo.
Se meten por la gatera
otros gatos del cortijo
y cuando salen las gatas
dando los miaus del deliquio,
se disputan la conquista
los gatos de los vecinos.
Ya los platos de la leche
y los boquerones fritos,
la sardina escabechada,
la cadernera y el mirlo
no son tan fáciles presas
y corren serio peligro.

Bien entiende Rinconete
que está perdiendo su sitio,
que le disputan el patio,
la terraza, el tejadillo,
el desván y la ventana,
la luna y los amoríos.
Y a Cortadillo ha llamado,
no a voces, pero abonico,
y le encarga que le limpie
el tejado de mininos.
Cortadillo, ya se sabe,
es un gato tartarino,
fanfarrón, jacarandoso,
perdonavidas, gallito,
que tiene las uñas largas,
fiero y cruel el hocico,

desafiantes los ojos
y el rabo fuerte y movido.
En un país de ratones
es el dueño del partido.

Ya está Cortado en funciones,
y ya está Rincón tranquilo.
Cortado no gasta guantes
como el gato don Narciso,
así que caza ratones
al más despiadado estilo.
No sólo ratones caza,
que es obligación de oficio,
sino que lucha con otras
mininas y otros mininos,
y en la lucha no se atiene
al código de felinos,
que también entre animales
hay normas de desafío.
Este gatazo taimado,
procaz, astuto y ladino
usa garras de desgarro
y usa dientes de mordisco.

Ya están otra vez de acuerdo
Rinconete y Cortadillo,
los granujas mozalbetes
del relato cervantino
que el patio de Monipodio
alumbró en Sevilla mismo,
cuna de muy grandes hombres
y también de grandes pillos.
Y están otra vez de acuerdo
Zapirón y Zamaquildo.
Si Cervantes escribió
la historia de los dos pícaros,
bien pudo escribir la historia
de los dos gatos Lopillo
dentro de su *Gatomaquia,*
que es relato divertido.

Al fin y al cabo, los gatos
son personajes muy listos,
sagaces y peligrosos,
egoístas y agilísimos,
mansurrones a las veces
y otras veces levantiscos,
y dejan, si te descuidas,
más que pelado el hornillo.

(*ABC,* 16 de marzo de 1993.)

Romance del *jettatore*

Por fin meten a Luis Yáñez
en la lista de Sevilla,
si no en el segundo puesto,
que es de cuota femenina,
al menos en el tercero,
que también es de salida.
Apretaba don Felipe
y Alfonso se resistía,
que no andan los dos de acuerdo
en la cuestión de las listas
y al que uno dice que «abajo»,
el otro dice que «arriba».
En el caso de Luis Yáñez
los dos se contradecían,
uno dice que al Congreso
y otro que a senaduría,
porque Alfonso no lo quiere
tener muy cerca de vista.
Y con razón, porque es cosa
que salta bien a la vista
que Luis Yáñez es el gafe
más grande de Andalucía.
«No me lo pongas, Felipe,
no me obligues, *arma* mía,
a llevarlo en la elección
pegado a la curcusilla,
de rabo de candidato

o de sombra terrorífica,
que el Yánez tiene mal fario
y está la elección jodida.»
Por fin ganó don Felipe
y va Yáñez en la lista,
y está don Alfonso Guerra
como si viera la bicha.

Otro *jettatore* igual
jamás conoció Sevilla.
Tres pabellones enteros
de la Exposición munífica
dejó en un decir *Jozú*
convertidos en cenizas,
y al pabellón que llamaban
del Descubrimiento de Indias
lo convirtió en un rescoldo
aún antes del primer día.
A la gran nave *Victoria*
que nunca se vio vencida
por vientos ni tempestades
ni por las olas marinas
cuando Sebastián Elcano
la mandaba con pericia,
la echaron de nuevo al mar,
fielmente reconstruida,
mas nadie se percató
que Luis Yáñez, en la orilla,
miraba cómo fletaban
la nao que todos admiran,
y que al entrar en el agua
quedó al punto sumergida.
Fueron las tres carabelas
al Japón, muy decididas,
y allá se fue don Luis Yáñez
a esperarlas en las islas,
mas antes de que llegaran
se les declaró avería.
Presentaron a Luis Yáñez
candidato a la alcaldía,

y se unieron el Pepé
y el partido andalucista,
y Alejandro Rojas Marcos
es alcalde de la villa.

Si don Luis Yáñez Barnuevo
fabricara gabardinas,
paraguas, impermeables,
aleros o marquesinas,
no llovieran cuatro gotas,
en cuarenta años y un día.
Si fabricara sombreros,
las criaturas nacerían
dentro de un caparazón
con la cabeza metida,
lo mismo que los galápagos
o que las tortugas ninja.
Si vendiera pantalones,
todos los hombres irían
con el culo pajarero
y a la intemperie la minga.

No es raro que Alfonso Guerra
ande ahora por las marismas
recogiendo hierbas mágicas,
matacandil, granadilla,
rabo de zorra, jengibre,
caracán, sueldacostilla,
quitameriendas, frailillo,
cacomite y ceborrincha,
para preparar brebajes,
tisanas, zarzaparrillas,
elixires de conjuro
cocimientos y bebidas.
Todo con pelo de cabra
negra, flaca e ibarrista,
cuernos de víbora verde,
un adarme de boñiga,
ojos de cigarra viuda
y plumón de golondrina,

calostros de gata maula
y dos huevos de polilla.
Y que conjure a Luis Yáñez
a que el mal fario reprima,
porque en estas elecciones
está la cosa jodida.

(COPE, 26 de abril de 1993.)

Romance del adiós

Ay, ay, qué penita pena,
qué penita y qué dolor,
dos ministras yo tenía
y las quitan a las dos.
De hielo o de piedra tiene
don Felipe el corazón
cuando echa así del gobierno
mujeres de tal valor,
hembras de tanta valía,
que le adoran con pasión
y valen más que la madre,
la madre que las parió.
Me dejarán con su ausencia
igual que un sauce llorón,
pues mis dos ministras eran
la risa de la nación,
la alegría de la huerta
y el gozo del batallón.

Doña Matilde Fernández
es un caso de excepción,
pues no existe hurgamandera,
suripanta o zorrastrón
que no le deba una ayuda,
una mano o un favor.
Es madrina de valquirias,
de feministas primor,

protectora de amazonas,
santa de la devoción
de esposas escoñetadas
y de la Lidia Falcón.
¡Que no se vaya Matilde,
que no se la lleven, no,
que le queda todavía
por poner mucho condón
al pueblo que ha despertado
al «Póntelo. Pónselo»!,
a don Diego de Velázquez,
sentadito en su sillón,
al rey Felipe Tercero,
que está en la plaza Mayor,
al bravo Martínez Campos,
que hizo la Restauración,
y al caballo de Espartero,
que es de calzo superior
al que no ha vencido nadie
en famosa dimensión.
Que se vaya a las escuelas
con una gran provisión,
y en cuanto salgan los niños,
tras aprender el catón,
les enfunde la pililla
con loable precaución
en una gomita verde
o de algún otro color.
Y a las niñas las provea
de un neceser coquetón
con doce preservativos
del tamaño de un lirón,
con un letrero que diga:
«Pica pronto, picaflor».

Y han quitado a Rosa Conde,
no sé yo lo que es peor.
Rosa como Rosa Conde
jamás en rosal nació.
Ella era para Felipe

más que Rosa portavoz,
una rosa embebecida
y encendida en la pasión.
Rosa que estaba en el puño
del puñetero mayor.
¿Qué jardinerito malo
de la rama lo cortó?
¿Quién arrasó la prosodia
al arrancarte la voz?
¿Por qué robó tu corola
el hortelano ladrón
y se le lleva en un tiesto
a su despacho interior,
para que nadie te mire,
por los celos de tu olor?
Nadie podrá superarte
en la gracia del error,
donaire del trabalenguas
garbo en la pronunciación,
de la dislexia dechado
y del disparate honor.

Sin la Matilde yo muero,
sin la Rosa muero yo.
No le perdono a Felipe
que me deje sin las dos,
la una con sus grandes ondas
en antigua ondulación,
y la otra con su flequillo
del Sagrado Corazón.
Por las dos ministras idas
llora mi bandoneón,
y de mi romance hago
triste pañuelo de adiós.

(COPE, 14 de julio de 1993.)

Romance de Solchaga en Cuba

Igual que Manuel Tablones
con Quica, su prima hermana,
se fue por los altos mares
en un barquito a La Habana,
así se nos ha ido a Cuba
el Enano de Tafalla.
No ha ido a vender camarones
ni las bocas gaditanas,
que lo ha mandado Felipe
a aquella perla antillana
a imponer el socialismo
de las empresas privadas,
y a hacer con la isla de Cuba
lo mismo que con Rumasa.

La Perla de las Antillas
se encuentra escachifollada,
la economía en los suelos
y la pobreza en la cara,
que el gobierno socialista
juega estas malas pasadas.
Las hojas de Vuelta Abajo
ya no dan ni para farias.
Se acabaron los cohibas
de Gregorio Peces-Barba.
Los cafetales floridos
ven que se mustian sus ramas,

Cuando entra en el hemiciclo
este trueno valenciano,
los miembros del Parlamento
se levantan admirados
y un murmullo de piropos
se extiende por los escaños.

(Romance de la ministra)

No sería cosa extraña
que entre tanta peripecia,
tanta inquietante amenaza,
tanta asechanza siniestra,
el presidente Felipe
González que nos gobierna
llevara algún palomino
decorando su culera
como quien lleva un cuñado
estampado en la entrepierna.

(Romance de la equis)

Le acusan de traficar
con favores del Gobierno,
de vender en su despacho
secretísimos consejos,
información reservada,
confidencias, cuchicheos,
acuerdos confidenciales,
enjuagues y trapicheos...
(Letrilla de Julio Feo)

Pililas de las Españas
celtibéricas morrongas,
badajos de las Batuecas,
hispánicas zanahorias,
donciruelos, mingas, pitos,
pichulinas y mazorcas,
todas deben enfundarse
la gabardina de goma,...
(Romance de la gomita)

Toda la tragedia antigua
de las estirpes gitanas
se sentó en aquel banquillo
junto a la Lola de España...
(Romance de la Lola)

El ministro de la cosa
que Antonio Asunción se llama
y que cree en los Reyes Magos,
en los gnomos, en las hadas
y en Caperucita Roja,
dijo saber dónde estaba,
y cuando al sitio llegaron
los corchetes que mandara,
vieron la jaula vacía
y el pájaro ya no estaba.
(Romance del fugitivo)

Dimitió Vicente Albero
por no pagar alcabalas,
que aquí paga el monaguillo,
pero el ministro no paga.
Hacienda seremos todos,
pero unos dan y otros tragan.
(Romance de las dimisiones)

Cipriano está majareta,
mochales, como una cabra,
lunático, paranoico,
con la chaveta pirada,
chiflado, falto de juicio,
maniático y majara;
está para que lo pillen
y lo metan en la gavia.
(Romance del Cipriano)

Torero de muchos toros
y amante de muchos cuerpos
de cuerno en cuerno ha de ir
en alcobas y en alberos,
dos cuernos deja en la plaza,
muchos más pone en el lecho,
a veces a volapié,
otras veces recibiendo.
(Romance de Jesulín)

Si hay pícaros que se hinchan,
galopines que se forran,
descamisados que visten
camisas de hilo de Escocia,
los amigos del poder,
gustavos y sarasolas,
polancos y polanquitos
galeotes, galeotas,
«óperas» y salanuevas,
y toda la larga tropa,
¿cómo se puede pedir
una resistencia heroica
al chico del *president*
y que quede sin bicoca?
(Romance de Pujol)

Por la Rambla de las Flores
viene Javier de la Rosa
meditando en la manera
de llenar pronto la bolsa,
y lo mismo le da ser
rosa blanca o rosa roja,
rosa de cristiana grey
o rosa de gente mora.
(Romance de Javier de la Rosa)

Pasaron otros tres años
sobre la instrucción de urgencia.
Marino será Marino,
pero está la nave quieta.
Barbero será Barbero,
pero el barbero no afeita.
(Romance del juez Barbero)

Se levantó don Felipe
en Moncloa una mañana,
y con el café bebido
como el negro de La Habana,
dijo con la voz solemne
como el son de una campana:
«Ya se acabó la cultura
del pelotazo en España»,
y mientras esto decía
se le estrellaba en la cara
un pelotazo tan fuerte
que nos lo deja sin habla,...
(Romance del cuñado)

Manolo Campo Vidal
le tira a Aznar de la lengua,
que es igual que sacar leche
de la teta de una merla,
pues si los pájaros maman
yo soy doña Berenguela.
(Romance de la televisión)

y nadie quiere comprar
el azúcar de las cañas.
Fidel Castro les ha dicho
a cubanos y cubanas
que a falta de otra comida
coman árboles y plantas,
y que acaben con las flores
que tengan en las ventanas,
y así están los cubanitos
hartos de comer alábega,
hinchándose de geranios
atiborrados de dalias,
nutridos con nomeolvides
y alimentados de jaras.
La rosa, con sus espinas,
ya la tienen masticada,
el clavel, ya digerido,
tragada la pasionaria.
«O el socialismo o la muerte»,
dijo Fidel a las claras,
que a veces esas dos cosas
en el mismo fin acaban:
o te matan por las buenas
y eres un mártir sociata,
o te reducen al hambre
y acabas criando malvas.

Fidel acudió a Felipe,
que es su compadre del alma,
y Felipe, que es tan bueno,
del dinero que sobraba
después de atender a toda
la necesidad de España,
le da cinco mil millones
y le ha mandado a Solchaga,
«No te mandaré a cualquiera»,
le prometió al de las barbas
(ya se sabe que Felipe
cumple siempre lo que habla)
y en efecto, le ha mandado

al Enano de Tafalla,
que es una buena cabeza
para dejarlos sin blanca.
«Lo primero que hay que hacer
—son del Enano palabras—
para salvar las conquistas
de faz revolucionaria,
es vender lo que se pueda
y sacar todo a subasta,
que a lo mejor el Cisneros,
Sarasola, Ollero o Aida,
se quedan con media Cuba
y aquí no ha pasado nada.
Yo hice lo mismo en Madrid
y el felipismo aún aguanta.
Si aguanta en Madrid Felipe,
Fidel aguanta en La Habana.»
Dijo el Enano con voz
de autoridad bien sentada,
le dio el dinero a Fidel
y se volvió para España.

Hizo Fidel una higa
socialista y transatlántica,
se quedó con los millones
para ir tirando semanas,
y en Cuba los cubanitos
con la piel morena o blanca,
las cuarteronas bailables
y las candombes mulatas
con el cuerpo de bambú
y de rumbita las ancas,
siguieron comiendo flores,
clavellinas encarnadas,
tulipanes amarillos,
hortensias amoratadas,
los lirios inmaculados
y las azucenas blancas.
Y si está allí un rato más
el Enano de Tafalla

un negro de Camagüey,
más que vacía la panza,
como si fuera un jazmín
se desayuna a Solchaga
y nos deja en el Congreso
sin su magistral palabra.

(COPE, 23 de agosto de 1993.)

Romance en traje de gimnasia

Están muy soliviantados
los hijos de Gran Bretaña
desde que vieron las fotos
de la princesa Diana
mientras hacía curiosos
ejercicios de gimnasia.
Endosaba Lady Di
camiseta floreada
que comenzaba en los hombros
y en la entrepierna acababa,
la mitad como corpiño,
la otra mitad como braga,
sobre leotardos azules
que a las ancas se ajustaban.
«No es modo de retratarse»,
los ingleses opinaban,
si nada se le veía,
todo se le adivinaba.

Sentada está sobre el «trono»,
que así llaman los gimnastas
a la silla donde brazos
y también piernas se alzan,
en el dichoso gimnasio
de las tales instantáneas,
y además, para más inri,

más morbo y titiritaina,
está la dulce princesa
de par en par las dos zancas,
o sea, lo que se dice
abierta y despatarrada,
en postura que al pudor
no conviene casi nada.

Cuidadosamente ocultas,
nadie descubrió las cámaras
que enfocaron a traición
con vileza comprobada,
las partes que las señoras
modosas y recatadas
hurtan a la indiscreción
y esconden a las miradas.
La Diana Cazadora
fue así Diana Cazada.

Visible contrariedad
tienen en Buckingham Palace,
que no es cosa de princesas
abrirse tanto de patas
si no es en la intimidad
y en la principesca cama,
y es posición que se adopta
cada vez que es necesaria
sin que la dama en cuestión
requiera ser entrenada
o necesite aprenderla
en la tabla de gimnasia.
En lo de abrirse de piernas,
si mi intuición no me engaña,
igual nobles que plebeyas,
son todas autodidactas.

Cuando lo supo Isabel,
tan prudente y educada,

tuvo un ataque de ira,
tuvo un ataque de rabia,
y sobre la regia frente
el sombrero le temblaba,
sombrero que parecía
aquella infausta mañana
una tarta de frambuesas
o torre de colegiata.
Vinieron los abogados
con preceptos y pragmáticas
y llevaron a los jueces
aquellas primeras páginas
por reprimir la osadía
y por castigar la audacia.
Ya veremos en qué quedan
las fotos de la gimnasia,
y si al periodista inglés
lo meten en la madrastra
como si de Pedro Jota
o del Guti se tratara.

¡Desdichada Lady Di,
pobre princesa Diana!
Lo que habla por el teléfono
lo escuchan y se lo graban,
publican lo que le dice
Carlos a su querindanga,
todo aquello del deseo
de convertirse en un tampax,
que es deseo de personas
no demasiado aseadas,
la destierran de palacio
y de plebeya la tachan,
y ahora, por si fuera poco,
en la prensa la retratan
abriendo tanto las piernas
por culpa de la gimnasia
que entre ellas le cabe entera

la Historia de Gran Bretaña,
el Pakistán y la India,
Nigeria, Kenya y Australia,
las Malvinas con Menem
y Gibraltar con Solana.

(COPE, 15 de noviembre de 1993.)

Romance de la chocholada

Nos tiene el señor ministro
lo mismo que la Parrala,
que unos decían que «sí»
y otros que «no» aseguraban.
Con motivo de Corcuera
hay otra vez dos Españas,
media España, que dimita,
la otra, que no se nos vaya,
y de nuevo en sol y sombra
está partida la plaza.
Y está el partido partido,
y está el gobierno en dos bandas,
y dividida la prensa
y la radio no se aclara,
lo que tertulianos dicen
el sermómetro lo ataca,
lo que troyanos afirman
los tirios dicen *nequaquam*.

Y está Felipe dudoso,
con la duda cartesiana,
sin decir que no la acepta
pues no está justificada,
o resistirse tres días,
pero al final aceptarla,
que cuando mete Felipe
hasta el corvejón la pata,

es bueno que haya un chocholo
que pague la melonada,
porque el jefe, como es jefe,
no debe quedar en bragas.
Tiene el *Corcu* buena testa
porque es una testa vasca.
Testa que allí nace dura
no hay garrote que la parta,
ni argumento que la venza,
ni pedrada que la abra,
y la que tiene el ministro
es una testa blindada,
roqueña como granito,
grande como calabaza.

Se le cruzaron los cables
en alguna hora menguada,
y el tal Corcuera o Corcuese
comprometió su palabra
de dimitir sin remedio
si el gran tribunal que guarda
la ley constitucional
que llaman la Carta Magna,
le hacía al dicho ministro
un bello corte de mangas.
Decir tal cosa, excelencia,
es grande sansirolada,
es estupidez supina,
tontuna garapiñada,
solemnísima sandez
y enorme botaratada,
pues si el lance sale bien
y la ley queda aprobada,
es mejor que no lo sea
después de tales bravatas,
y si la van a anular,
es mejor no bautizarla,
ni otorgarle el apellido,
reconocerla o prohijarla.

¡Que la defienda Mohedano
sin abandonar el «Jaguar»!

Usted, que encuentra chocholos
en toda opinión ingrata,
que si un chocholo pregunta,
usted no responde nada,
usted tenía que ser
quien haga la chocholada.
Ya fue chocholada grande
pensar que en la democracia
derriban los policías
las puertas con dos patadas,
o te pillan sin carné
y duermes en la madrastra,
y que se queden los jueces
más tranquilos que unas pascuas.
Pero es bobada mayor
jugarse el cargo a una carta
y decir que uno se va
si no aprueban la patada,
porque luego el tribunal
sentencia que no lo traga,
y si el ministro se va,
con Dios el ministro vaya.

¿Dimitir, señor ministro?
Antes morir en Numancia.
Si aquí no dimite nadie.
Dimitir es cosa arcaica.
Es conducta de chocholos,
costumbre de tarambanas,
hábito de tuturutos
y práctica de tontainas.
Nunca se debe retar
a instancias que están tan altas,
presentando dimisiones
aunque fuesen obligadas,
pues cuando menos lo piensas,
te han tomado la palabra,

te mandan pagar el pato
y aquí no ha pasado nada.
Que venga Dios y que vea
si estas no son cosas raras.
La excelencia electricista
parece electrocutada,
y al que preside el Gobierno
no le ha dado ni la rampa.

(COPE, 22 de noviembre de 1993.)

Romance del ausente

¿Dónde estará don Narciso
que no va por el Congreso?
Está su escaño vacío,
está su boca en silencio.
Entre Felipe y Solana
ya nadie ocupa el asiento,
y del teclado del piano
no escucha nadie el arpegio.
De su banco a la tribuna,
yerba ha criado el sendero,
y hace ya más de dos años
que no dice ni un adverbio.
Todas las noches mirando
hacia el azul firmamento
les pregunto a las estrellas
si está vivo o si está muerto,
mas tampoco las estrellas
conocen su paradero.
Nadie sabe si es fantasma
o es hombre de carne y hueso,
y anda desaparecido
como si fuera un espectro,
un ectoplasma, una sombra,
un espíritu quimérico.

Ya no sé cuántas preguntas
hízole Antonio Romero

para ver si alguna vez
responde ante el Parlamento,
y otras tantas, si no más,
los populares le hicieron,
pero nunca ha respondido
el segundo del Gobierno.
Cuando alguno le pregunta,
manda responder a un miembro,
a Rubalcaba que es alto
o a Solchaga, que es pequeño,
a Solana que es antiguo
y a Belloch que es más moderno,
y así tiene a los ministros
en papel de recaderos,
correveidiles, criados,
correos o mensajeros,
respondiendo tonterías
a interrogantes muy serios.

¿Dónde estará este Narciso
que se ha perdido en el huerto?
¿Dónde lo tiene escondido
don Felipe, el jardinero?
La rosa del socialismo
por él bebía los vientos,
lo indicaba el presidente
con su omnipotente dedo
y estaba ya destinado
a ser nombrado heredero.
Y de pronto, se derrite
como un cubito de hielo.
¿Qué le pasa a este Narciso
que ya no muestra sus pétalos?
¿Está hundido en la zozobra,
o en el catalán inmerso?

Le han preguntado hace poco
qué pasa con los teléfonos
de editores y políticos,
periodistas y banqueros,

pinchados en *La Vanguardia*
entre *El Lobo* y el *Romeo*.
La compra de Antena-3,
Jesús Polanco y Asensio,
Jordi Pujol y Juan Tapia
al escenario salieron,
y para echar más pimienta
a este guiso celtibérico
han sacado a relucir
alguna historia de cuernos,
que en ferias de Cuernicabra
no todos salen ilesos.
Aquí, los cuernos florecen
en la alcoba y en el ruedo,
que escribir godo con jota
es costumbre de este pueblo
y el «Godo» no cambia nada
por añadirle un acento.

Preguntar a don Narcís
es gana de perder tiempo.
Don Narcís no sabe nada
de ese curioso suceso,
don Narcís está subido
en lo alto de un ciruelo,
recién caído de un guindo
de Babia hijo predilecto.
Don Narcís está en las nubes
como un querubín tontuelo,
pensando en monas de Pascua
o en los buñuelos de viento.
Y como ya están muy próximas
las semanas del Adviento,
don Narcís está afinando
las teclas de su instrumento
y a los pavos del belén,
les está dando un concierto.
No se sabe para qué
vicepreside el Gobierno,
porque no dice palabra

y siempre se queda quieto.
Si lo sacan a la plaza,
sale como don Tancredo.
En su boca no entran moscas
ni entrarán otros insectos.
Es como el ciprés de Silos
que cantó Gerardo Diego,
solitario, silencioso
surtidor de sombra y sueño.

(COPE, 29 de noviembre de 1993.)

La canción de Roldano

(Al gran Alejandro Ulloa,
que algún romance me ruega,
como quien le pide a un ciego
que en nombre del que ve, vea.)

Por allí viene Roldano,
caballero a la jineta,
montado en cuenta corriente
con guarnición y chorreras.
De plata es el correaje,
de oro son las cartucheras;
la capa es de terciopelo,
de brocado la chaqueta,
de camocán los galones,
de tisú la camiseta.
De esmeraldas y zafiros
el tricornio le espejea.
No hay caballero más puesto
ni con más rica cimera
que el caballero Roldano,
que fue de la Benemérita.

Por director general
lo pregonaron trompetas
con el son de Don Dinero
más que con músicas épicas.
Por él, la guardia civil

que antes era caminera
y que en las capas llevaba
manchas de tinta y de cera,
según romance famoso
que todo el mundo recuerda,
se convirtió de repente,
en mina, mina, minera,
que daba todos los días
carretones de monedas,
metal que estaba acuñado
antes de entrar en la ceca.

Por allí viene Roldano,
Roldán de la Gonzalera,
Rolando el de don Felipe,
caballero a la jineta,
montado en veloz corcel
dando brincos y corvetas,
con la su mano de hierro
metida en guante de seda,
apresando los ducados
como si fuesen cornejas
y atrapando los doblones
como palomas ingenuas.

El de Luis tiene por nombre,
que no sé yo a ciencia cierta
si es el Luis que fuera rey
en la gran corte francesa,
o el de Gonzaga, que porta
en la mano la azucena.
Si fuera Luis, rey de Francia,
tenga Roldano de herencia
la protección de un patrono
que, además de la realeza,
corona de santidad
lleva sobre la cabeza.
Por rey de guardias civiles
y por santo de pobreza
le tengan los españoles,

los franceses, las francesas,
y adoren su vera imagen
sus paisanos en la iglesia.

Si fuera san Luis Gonzaga
el santo que lo tutela,
el lirio que enseña el santo,
de castidad clara muestra,
en ramo de oro macizo
al punto se le convierta.
Este Roldán milagroso,
de historia tan milagrera,
es capaz de convertir
en oro de gran pureza
las flores de castidad
que nazcan en su entrepierna.
A su cuidado lo tienen
el hado y la providencia,
y lo mismo que el rey Midas,
según dice la leyenda,
todo lo que toca, en oro
lo transforma y lo trastueca,
y en áureos lingotes vuelve
una nómina modesta.
¡Qué milagros tan hermosos,
qué cosas tan estupendas
hacen nuestros socialistas
con las manos en las perras!

Como era don Luis Roldán
jefe de la Benemérita,
a ver quién en el país
puede pedirle las cuentas,
o ponerle las esposas,
introducirlo en la cuerda
y llevarlo por los campos
hasta dejarlo en la trena.
Es como si hubieran hecho
al famoso Luis Candelas
jefe de los migueletes

que vigilaban la sierra.
Es nombrar a *Pasos Largos,*
al comenzar su carrera,
jefe de todos los guardias
del campo de Cartagena,
y poner al *Tempranillo*
con el trabuco y la yegua
a patrullar por los montes
de la serranía rondeña.

¡Oh, qué prodigios alumbra
el País de las Batuecas!
Qué cosas pasan, señores,
en esta pobre meseta,
en los montes y en los valles,
en huertos y en parameras.
Qué relatos fascinantes
cada anochecer nos cuenta
en su retablo de títeres
maese Pedro en esta venta.
En cuanto le dan un cargo
a una torpe marioneta,
y le hacen, qué me sé yo,
consejero o consejera,
ministro, subsecretario,
bedel de la presidencia,
concejal o concejala,
alcalde si no alcaldesa,
lo primero que él aprende,
porque todos se lo enseñan,
es el trinque o es el mangue,
la remanguillé de izquierdas,
la mamandurria de bóbilis,
el despacho de influencias,
el pelotazo de dólares
y la piñata en pesetas.

Y lo más maravilloso
de este país de novela,
Puerto de Arrebatacapas

y reino de las Butuecas,
es que a vigilar gallinas
pongan zorras o vulpejas,
que pongan a las urracas
a guardarnos las preseas,
y a prender a chirlerines
pongan a las comadrejas.
No es extraño que nos dejen
más en cueros que en pernetas
cuando el jefe de los guardias
era un pájaro de cuenta.

(*ABC*, 4 de enero de 1994.)

Romance del chalé

Cambio de coche, de casa
y cambio de compañera
hacen el cambio del cambio
de un sociata de primera.
Es la ley de las tres ces
de la tropa gonzalera.
No hay sociata que se precie
que no se haga casa nueva,
pero nada de un pisito
en una calle pequeña,
un par de cuartos de baño,
un *living* y una leonera,
una alcoba para el nene
y otra más para la nena,
dormitorio principal
y una cocinilla estrecha.
Ese es un piso apropiado
para las bases de izquierdas,
y aun puede vivir contento
el obrero que lo tenga.
El que no lo tiene ya,
apuesto a que no lo encuentra,
y si entrega una señal
al Plan Social de Viviendas
que llaman el PSV
es lo normal que la pierda.
Pero ese piso no es propio
ni de jefes ni de jefas.

Los barandas socialistas
no se hacen una caverna,
ni se fabrican chabolas
ni habitan en azoteas.
Los barandas socialistas
en cuanto trincan las perras,
mangan unos milloncejos
y chupan tres mamaderas,
se construyen un chalé
rodeado de una verja,
lo mismo en Puerta de Hierro,
Florida o La Morajela,
que en Somosaguas, Orgaz,
El Plantío o Mirasierra.
Socialista sin chalé
es un camello sin chepa,
es un caballo sin crines
y es un toro sin la cuerna.

Hay cinco chalés ilustres
que son los que hacen escuela.
Primero, *Villa Meona,*
que armó la marimorena,
con tantos cuartos de baño
para casos de diarrea,
incontinencia de orina
u otra premura cualquiera,
y muchos más almohadones
que libros la biblioteca.
Calefacción para el perro
pusieron en la caseta,
porque en aquella mansión
incluso al perro calientan.

El segundo se lo puso
a María Jesús el Guerra,
y es un chalé más discreto,
pero con guardia en la puerta,
que si Pincho tiene escoltas,
también su hermana pequeña.

Socialismo es igualdad,
que dijera Pablo Iglesias,
aunque no estaba pensando
en los dos hijos del Guerra.

El tercer chalé que nombro
es el de la Aida filesia,
también llamada la *Ópera*
en argot de mangoleta.
Lo más notable que tiene
este chalé es la nevera
para guardar los visones
las martas y las panteras,
las pieles con que se abrigan
todas las clases obreras.

El cuarto chalé que digo
se lo está haciendo Corcuera,
que es un chalé que parece
castillete o fortaleza,
guardado por torreones
o por dos torres gemelas,
como para defenderse
del asalto de Benegas,
o tener conversaciones
con comandos de la ETA.
En todo Madrid no existe,
ni al centro ni en las afueras,
un chalé más chocholero,
más horrendo y más hortera.

El quinto chalé que nombro
es chalé de presidencia,
el chalé de don Felipe
con billar y con bodega,
con siete cuartos de baño,
lavabo, bidé y bañera,
dos salones, dos despachos,
el garaje y la despensa.

De que vivimos mejor
en España esta es la prueba.
De lo de ayer a lo de hoy
media mucha diferencia,
lo que va hasta Somosaguas
desde el barrio de la Estrella.

Si usted no tiene chalé
será porque usted no quiera,
que con Felipe González
chalé lo tiene cualquiera.

(COPE, 17 de enero de 1994.)

Romance de Luis Roldán

Camina don Luis Roldán
por las salas del Juzgado
como los quinquis que cruzan
por los caminos del campo.
Jugaba a guardia civil
en tiempos aún muy cercanos,
pero ahora juega a ladrones,
que se ha pasado de bando.
Por director general
a don Luis Roldán nombraron,
que es costumbre del Gobierno
que nos ha desgobernado
poner de guardia a la zorra
a vigilar a los gallos,
o encomendarle al azor
el cuidado de los pájaros.

En menos que se persigna
un canónigo chiflado,
un sochantre majareta
o un cura desvariado,
se apañó don Luis Roldán
un bonito pelotazo,
casas, chalés, pisos, fincas,
mogollón inmobiliario.
Tricornios de cuatro picos

y capas de cinco largos,
correajes de tres vueltas
y guerreras de dos anchos,
las mesas de cinco patas,
las sillas de dos respaldos,
las camas de tres colchones,
las botas de siete palmos,
solares como aeropuertos
y casas-cuartel palacios,
son las cosas que compraba
el más arriba nombrado
al menos por lo que dicen
que aquellas cosas costaron.
No es raro, en tan breve tiempo,
que don Luis se haya forrado.

Con el alma de charol
y el caletre charolado,
camina don Luis Roldán
por las salas del Juzgado,
que si antes fuera alguacil,
será ahora alguacilado,
y la pena es que no va,
como estaría mandado,
en una cuerda de presos,
esposadas las dos manos.

La señora de Roldán,
espíritu refinado,
iba en el coche oficial
a Ginebra, a ver el lago,
que ya se sabe que el pobre
termina en el Monte Blanco,
en la Unión de la Banque Suisse
pidiendo limosna en francos.

Se ha visto al duque de Ahumada
en su tumba incorporado,

las manos en la cabeza,
estremecido el ducado,
el uniforme deshecho,
el sable escachifollado,
y llamando a una pareja
que detenga al inculpado
porque le haga confesar
sus delitos y pecados
con dulces procedimientos
de estilo predemocrático.
Será la única manera
de que de una vez sepamos
cuanto ha trincado Roldán
mientras estuvo en el cargo.

Los sociatas suelen ser
hombres muy afortunados
que hacen en un santiamén
estos extraños milagros,
y el sillón, cuando lo trincan,
convierten en Eldorado.
Ay, Federico García,
dame tu romance claro,
llama a la Guardia Civil
con las voces del espanto,
porque el jefe de los guardias
camina por los juzgados,
con Enrique Sarasola
y llevando al otro lado
a esa Carmen Salanueva
del Boletín del Estado.
Se fugó con los tricornios,
los tinteros, los caballos,
los correajes de gala,
la ciudad de los gitanos
con las guindas en almíbar,
con los lebrillos de barro,

con los zapatos corinto
del Camborio que mataron.
Dejó a gitanos y a guardias
todos en calzones blancos.
Que prendan a Luis Roldán
cuatro números y un cabo.

(COPE, 17 de febrero de 1994.)

Romance de Felipe en la tele

El pícaro Eurofelipe
salió por la Telecinco,
y habrá que reconocer
por lo que allí quedó visto
que el presidente se mueve
mejor que una mamachicho.
Tiene cintura flexible
lo mismo que un junco chino,
aire le da a la cadera
cual si danzara un tanguillo,
una samba, una lambada,
una rumba o un corrido,
y tiene el tío un candombe,
un meneo y un estilo
como si fuera bailando
los carnavales de Río.
No me refiero ya al baile
ese que nace del ritmo,
que se baila con los pies
en un movimiento físico,
sino al regate retórico
y al escarceo político.
Ña Encarnación que viviera
no alzara tal remolino
de enaguas y de volantes
sobre los muslos mestizos,
ni alternaría las ancas
con tan procaz desafío.

La Chunga con ser la Chunga
no bailó igual de bonito,
ni Lola la Faraona,
ni Antonio, ni Rosariyo,
ni bailó la Contrahecha,
ni la Polaca ni el Quico,
ni los vivos ni los muertos
ni los muertos ni los vivos,
bailaron como Felipe
cuando bailó en Telecinco
delante de Luis Mariñas
y los otros dos pardillos.

La culpa, culpita, culpa
de lo que aquí ha sucedido
no la tiene el presidente
ni la tienen sus ministros,
Miguel Boyer no la tiene,
Solchaga no la ha tenido,
no la tiene Pedro Solbes
y no la tiene el partido.
La culpa, culpita, culpa
de lo que aquí ha sucedido
es solamente de Aznar,
que quiere ser enemigo,
que al impulso democrático
no le ha da dado ni un jipío,
y que tiene mucha prisa
por contemplarse investido.

Los parados que se dicen
no son parados verídicos,
que son parados de pega
contados así, a porrillo.
Los que elaboran la EPA
contaron de cinco en cinco,
como el que cuenta las reses
por patas en vez de hocicos.
Ya no cierran más empresas,
la crisis se ha detenido,

hay pensiones para rato,
hasta el dos mil veinticinco,
Pedro Solbes es un sabio
y Luis Roldán es un místico,
Linares un accidente
y Alfonso Guerra un amigo.
La producción se repone,
la inflación está en lo mínimo,
y nuestra renta *per cápita,*
un dineral ha subido.
Ya se ve el final del túnel
y de él este año salimos.
Jordi Pujol es un santo
pequeño, pero lingüístico,
con muy leve y razonable
baño de catalanismo,
que sólo quiere escuchar
decir *mongeta* a los niños.

Por todas esas razones
y por otras que no digo,
Eurofelipe ya tiene
firmemente decidido
no marcharse para Europa,
no dejar a los celtíberos,
y volverse a presentar
en los próximos comicios.
Así que habremos Felipe
hasta el siglo veinte y pico.
Decidme si no se mueve
cachondo mi Felipillo.

(COPE, 28 de febrero de 1994.)

Romance de reptiles

Está el fondo de reptiles
lleno de ilustres sociatas,
que en vez de pagar espías
e informadores en Francia,
pagan a los altos cargos
bajo forma de bufanda.
Bien abrigaba Corcuera
a sus chicos la garganta
con tapabocas de tela
y esclavinas de telángana.
Los secretarios de Estado,
asesores y barandas,
directores generales
y cargos de confianza
de los cuatro ministerios
que gozan la pastizara
de los fondos de reptiles
con reptiles se amamantan.
No es extraño que Roldán,
que era pobre cual las ratas,
aparezca millonario
de la noche a la mañana,
y le tosa a Sarasola,
a Palomino... y Vergara.
A quien de bicha se nutra,
traiga la bicha desgracia.

En ese fondo hay reptiles
de muy diversas escamas,
galápagos con más conchas
que aquellos que numeraba
de joven Alfonso Guerra
en el Coto de Doñana;
tortugas de mar o tierra,
y esa serpiente tan rara
que llaman tragavenados
porque se embucha una vaca
y duerme después la siesta
durante cuatro semanas,
prima de Carlos Andrés
y como él, venezolana;
serpientes de cascabel
que suenan como las jacas
que lleva a votar Manaute
por las tierras sevillanas;
bichas de bífida lengua
que desuellan cuando parlan,
culebras que se encabritan
cuando oyen sonar la flauta
o el din-dón de Don Dinero
con campanillas de plata,
y los nietos de los áspides
que mataron a Cleopatra.

En el fondo de reptiles
que reparten los sociatas
hay pitones, serpezuelas,
zarandillas y tarascas,
que tienen en el gaznate
un hueso que se desplaza
para que les pase un huevo
de avestruz por la garganta,
y que les pasen malesas,
ibercorpes y rumasas;
dragones, camaleones,
sogalindas, salamandras,
las que llaman saltarrostros,

salamanquesas que saltan,
que en cuanto te ven caído
ya te han brincado a la cara;
hay anacondas y cobras,
lagartijas, cataranas,
iguanas, calabazuelas,
canacuates y alicántaras,
esas culebras pequeñas,
de boca repantigada
que sólo con que te piquen
te dejan criando malvas,
como *Güili* Galeote
o como Carlos Solchaga,
a quien llaman sus amigos
la Víbora de Tafalla.

Los reptiles que aquí digo
y los que a lista me faltan,
anápsidos y parápsidos,
los saurios de varia traza,
cotilosaurios, quelonios,
los ictiosaurios del agua,
tiflópidos y vipéridos,
culebras y salamancas,
corcuéridos y filésidos,
roldánicos, maruganas,
toda familia y especie
está bien representada
en los fondos de reptiles
que los españoles pagan.
Y entre ellos, lugar de honor,
por ser una especie extraña
que sólo habita en los campos
de la taurómaca Hispania,
ocupa una venenosa
y viperina alimaña:
es la víbora cornuda
que también llaman astada,
que protege y que tutela
la Europa comunitaria

y que embiste a todo bicho
que en su camino se planta.
Pónganle ustedes el nombre:
hay uno que bien le cuadra,
pero que yo no diré
por jugar a adivinanzas.

(*ABC*, 14 de marzo de 1994.)

Romance de la pena negra

Qué, pena, pena, penita,
qué pena, penita, pena,
qué pena que tengo, madre,
qué pena tengo más negra,
que se quedan sin pensiones
los que andan por los cincuenta.
Lo ha dicho don Pedro Solbes,
malhaya sea su lengua,
don Pedro Solbes lo ha dicho,
que se acabaron las perras,
que ya no hay para pensiones
ni de viejos ni de viejas.
Y ahora dicen que a las viudas
las van a poner a dieta.

Los dineros que aquí había
se los gastaron en fiestas,
en alboroques y en manguis,
en trinques y en francachelas,
en echar todos los días
la casa por la finestra,
y en comprar votos cautivos
por las tierras extremeñas,
por los pueblos andaluces,
por las llanuras manchegas.
El poco que iba quedando
se lo gastaba Juan Guerra,

que no siempre van a ser
ricos los de la derecha.
Cafelito a cafelito
se llenó la faltriquera,
compró el Mercedes azul,
el cortijo y la dehesa,
el chalé del litoral,
las jacas para la feria
y el caballo para Pincho
por cortesía fraterna.

Se lo llevaba Roldán
en forma de cartucheras,
de tricornios y uniformes
y terminaba en Ginebra,
cementerio de dineros
al borde del lago Leman.
Lo trincó García Valverde
vendiendo lo de Alcobendas,
y otros trincaron lo suyo
dejando a la Hacienda seca
con los vagones del AVE
y con las tres carabelas,
aquellas que se escoñaron
con Yáñez en la escollera,
con la Expo y sus pabellones,
la Olimpiada y otras fiestas,
donde luego presentaban
del Gran Capitán las cuentas,
palas, picos y azadones
tres billones de pesetas.

Si algún dinero quedaba
lo facturaba Filesa,
para el chalé de Aida Álvarez
con pieles en la nevera,
y se nos fue en la mordida
de la Carmen Salanueva
que se llevó de un bocado
tres mil bobinas y media

del Boletín Oficial,
antes llamado Gaceta.
Si después de tanto gasto
sobraba alguna moneda,
se la daban a Fidel
a cambio de piruletas,
o a la pura democracia
del libertador Ortega.

Cuando se acabó el dinero
se metió Felipe en deudas
para pagar asesores,
consejeros, consejeras
barandas de gabinete
y secretarios sin letras,
abogados de secano
y economistas de pega,
mamandurrieros de enchufe
y paniaguados de breva
que saben lo que sabía
aquel maestro Ciruela,
que nunca aprendió a leer,
pero que puso una escuela.
Y así nos dejó metidos
en deudas hasta las cejas,
aún más pobres que las ratas,
pulidos como patena,
tiesos como la mojama
y secos como la yesca.

Por eso Solbes ha dicho,
maldita sea su lengua,
que no cobrarán pensiones
los que andan por los cincuenta,
y que o sacamos dinero
para abrirnos una cuenta,
que no sabemos de dónde
porque estamos a dos velas,
o nos tocamos la flauta
a la luna de Valencia

y nos comemos los codos
a la sombra de una higuera,
igual que si todo el año
fuera una larga Cuaresma.
La has hecho buena, Felipe,
Felipe, la has hecho buena,
que nos dejas sin pensiones
y nos tienes en pernetas.
Que pena, pena, penita,
ay qué penita tan negra.

(COPE, 7 de marzo de 1994.)

Romance de la ministra

Qué rojelia es la ministra
que de Valencia ha llegado,
que por tener todo rojo
tiene el pelo colorado.
Todo en ella es una llama
de fuego no sofocado,
es una hoguera su cuerpo,
son un incendio sus manos,
son rescoldos sus mejillas
y son dos brasas sus labios
y hay una danza del fuego
hecha de lumbre y relámpago
a lo largo de sus ancas
y a lo largo de sus brazos
que le cae desde la frente
por los cabellos rizados.

Nadie conoce qué mosca
a la ministra ha picado,
porque siempre se sonríe
sin reposo ni descanso,
sonríe que te sonríe
por no adivino qué fastos,
aunque se nos hunda el cine,
aunque queden los teatros
tan despoblados o más
que el desierto sahariano,

aunque enmudezcan violines
o escuchemos sólo el piano
que toca don Narcís Serra
con la una o las dos manos,
aunque vaya la Cultura
rodando por esos páramos,
secuestrada de mastuerzos
y explotada por chulánganos
que la «o», aún con canuto,
les sale como un cuadrado.
¿Que Burgos cae, piedra a piedra?
¿Que el Liceo se ha quemado?
Pues la ministra nos muestra
sonrisa de lado a lado.

Entre tantos rosicleres
y tanto triunfo encarnado,
destacan sólo sus dientes
de albo nácar ampliado,
como si fueran riberas
de un Amazonas nevado.
Si sonríe la ministra,
y sonreír es su agrado
se nos desvelan de pronto
las cumbres del Monte Blanco,
o los icebergs gigantes
que se forman en el Ártico.

Cuando entra en el hemiciclo
este trueno valenciano,
los miembros del Parlamento
se levantan admirados
y un murmullo de piropos
se extiende por los escaños.
Ardor de sol levantino
va despertando a su paso,
y Apolo en su cabellera
ha hecho nido con los rayos.
A pesar de ir ya encendido,
es un ninot indultado

convertido en diputada
para olés de diputados.

Roja que te quiero roja,
ministra injerta en granado,
roja cual la misma sangre
que tu vista me ha alterado,
roja como una cereza,
roja como un purpurado,
rojo ocaso del estío,
rojo violín del verano,
roja tarde, rojo viento,
roja tierra de sembrado,
roja de roja palabra,
roja de verbo rojazo,
clavel de manto muy rojo,
rosa de rojelio tallo,
Carmen Alborch, roja nuestra,
tu rojez me ha enamorado.
Más que don Luis Ángel Rojo
que en Banesto ha rojeado,
y más que si a Barbarroja
le hicieran subsecretario,
eres tú roja más roja,
pelirroja de mis pálpitos,
que has venido del Mar Rojo
en vez del Mediterráneo.

(COPE, 4 de abril de 1994.)

Romance de don Mariano

Es Rubio por apellido,
pero es blanco por las canas.
Bajo el poder socialista,
con Felipe de baranda,
este Rubio pero blanco
gobernó el Banco de España.
Y tan bien gobernó el Banco
y tanto avaló la plata,
tanto especuló en la Bolsa
con el síndico y su banda,
que se alzó con una cuenta
negra, negrita, negraza,
donde tiene un quintal negro
pesado en negra romana.

No hay quien tache a don Mariano
de madera insolidaria,
porque al mismo tiempo que él
con Ibercorp se forraba,
forró con la misma tela
a doña Carmen Posadas
con la que firmó en Viena
nupcias de segunda cama,
y, lleno de amor fraterno,
también metió en la empanada
a su cuñado, que es belga,
a su primo y a su hermana,

a su primera mujer
con nueve kilos del ala
al ex ministro Boyer
y a esa Isabel achinada
que en la tele Ruiz Mateos
le da un bombón de la Trapa.

Como la modestia es flor
que adorna y perfuma el alma,
por no hacer ostentación
de haber trincado esa pasta,
con el segundo apellido
el nombre disimulaban.
Boyer era Salvador,
Rubio, Jiménez se llama,
la Preysler no era la Preysler
ni Posadas la Posadas,
aunque es lástima perder
gracia tan hospitalaria.
Ni Colón ni los Pinzones
ni Rodrigo de Triana
descubrieran en Jiménez
la noble cabeza blanca
que el Banco de la nación
a la sazón gobernaba.

Mariano Rubio Jiménez,
honra y prez de los sociatas,
honor de la *biutiful,*
gloria de la gente guapa,
decir hiciste a Felipe
con muy rotunda palabra
la tu honestidad perfecta,
la tu seriedad probada,
y que la su mano diestra,
pues la izquierda le hace falta,
puso en el fuego por ti
como en una prueba santa,
dinos qué turbios manejos,
dinos qué siniestras tramas

te dejan como un pillastre
en el centro de la plaza,
pillado igual que un bellaco
con las manos en la masa.

Y si fuera verdad todo,
canta, Marianito, canta,
canta como el verderol,
canta como la calandria,
canta como el ruiseñor
y como el canario flauta,
que en este país de mudos,
afónicos y tartajas,
alguien tendrá que arrancarse
para atacar *La Traviata*
y cantar la palinodia
de sus muchísimas faltas,
antes que cuarenta en bastos
os canten los que no ganan
para pagar los tributos,
pero a la Hacienda no engañan,
y han perdido la paciencia
de barajar la baraja,
porque los oros caen siempre
en manos de quien los manga.

(COPE, 11 de abril de 1994.)

Romance del picadero

Colón, Colón, 34,
picadero de Madrid,
que si no está en La Latina
estará por Chamberí,
muy famoso por las calles
de cartel revisteril,
donde paseó *La Chata,*
donde mataron a Prim
y donde la Bella Otero
enseñaba el *petigrí.*
Una chica muy decente
esperaba siempre allí
dispuesta a darle en seguida
lo que quiera usted pedir.

Corrientes, tres-cuatro-ocho,
picadero de postín,
milonguitas de pebeta
y música guaraní,
mi Buenos Aires querido,
tangos de Discepolín,
Corrientes, tres, cuatro, ocho,
no se resista a subir,
y verás vos qué pisito
he puesto yo para ti,
ascensor, segundo piso,
cama turca con cojín,

nido de amor amueblado
al estilo de París,
no hay porteros ni vecinos
ni hay espías del CESID,
a media luz caen los besos,
crepúsculos a elegir,
y un gato de porcelana
Zapirón de caolín,
porque no maulle al amor
como en un zaquizamí.

Quinta de Don Juan Tenorio,
picadero andalusí
en la orilla perfumada
del río Guadalquivir
donde llegan los aromas
de la dalia y del jazmín,
y donde la luna brilla
rayos hechos a buril,
como la luna del huerto,
noche de Getsemaní.
Don Juan Tenorio una noche
llevó a Doña Inés allí,
«¿No es verdad, ángel de amor...?»,
Don Juan empezó a decir,
y después jugó con ella
al pin-pin-pin margarín,
antes de dar a Mejía
herida de espadachín.

Picaderos literarios,
picaderos de jardín,
como el picadero lírico
de Belisa y Perlimplín.
Picaderos provincianos
donde madame Bovary
puso los cuernos famosos
a su marido infeliz.
Picaderos coquetones
con colchón de Pikolín,

leves luces indirectas,
cafetera y compact-disc,
espejos en las paredes
por mirarse de perfil.

Son muchos los picaderos
que funcionan por ahí,
más ninguno tan barato,
por lo que se oye decir,
como el que a Roldán, de balde,
puso la Guardia Civil.
A jefe tan braguetero
y a mando tan varonil,
la Benemérita quiso
homenajearle así,
arreglándole una cama
para tender a gachís,
que siempre fue la pareja
cosa de guardia civil.

Estos chicos de Felipe
no saben ya que pulir,
comisiones, picaderos,
alijos, fincas, monís.
Luego le llaman a Adolfo
tahúr del Mississippí,
y ellos roban más que el Cojo,
Cojo de Benamejí,
y más que los Siete Niños
que Ecija miró parir,
mucho más que Luis Candelas,
y que cualquier otro Luis,
que no hay Luis que se le iguale
a este Roldán galopín.
Ahora lloran su desgracia
igual que lloró Boadbil,
que si los ve Antonio Gala
escribe otro carmesí.

(COPE, 25 de abril de 1994.)

Romance de las dimisiones

En la España felipista
de corrupción y mandanga,
la palabra dimisión
era palabra olvidada.
Aquí nadie dimitía
pasara lo que pasara,
porque estaban las poltronas
pintadas de goma arábiga
y el lugar donde su nombre
honesto pierde la espalda,
que unos llaman bullarengue
y otros antífona llaman,
mapamundi, posaderas,
rulé, rabel, traste, cachas,
o también el as de oros
con imagen de baraja,
se les pegaba al asiento
y ni Sansón los alzaba.
Dicen que el que iba a Sevilla
sin la silla se quedaba,
pero este clan sevillano
se iba al barrio de Triana
y se llevaba la silla
al culo engarabatada.

Más de repente ha llegado
la moda dimisionaria

y por la borda Felipe
echa lastre a paletadas.
Sale a bochorno por día
y a escándalo por semana,
y le trepan los corruptos
por el pecho y por la espalda,
dirigen la Benemérita,
copan el Banco de España,
le organizan las filesas
cobrando facturas falsas,
el fondo de los reptiles
lo dejan sin una lata,
y se comen las culebras,
los lagartos, las lagartas,
la serpiente del edén,
los áspides de Cleopatra,
el parné de los chivatos
y el pringue de los etarras.

Por haber nombrado a Rubio,
dimitió Carlos Solchaga,
y se queda sin escaño
el Enano de Tafalla,
mientras a Rubio le dan
una celda en la madrastra,
que comparada con Carmen
es incómoda posada.
Por eso es bueno tener
un enano en la recámara
y darle por retambufa
cuando nos vienen mal dadas.

Se escapó don Luis Roldán
por Portugal o por Francia,
y de Asunción la cabeza
fue otra cabeza cortada,
que alguien tiene que pagar
el tender puente de plata.
También dimitió Corcuera,

ministro de la patada,
que si él la daba en la puerta,
a él se le dan en las nalgas,
por decir que era «ortodoxo»
el patrimonio de marras.
Ya se sabe que Corcuera
dice muchas chocholadas.

Dimitió Vicente Albero
por no pagar alcabalas,
que aquí paga el monaguillo,
pero el ministro no paga.
Hacienda seremos todos,
pero unos dan y otros tragan.
Barrionuevo no dimite
porque dice que no pasa
que se quede don Narciso,
la conexión catalana,
que si al alimón los dos
a Roldán promocionaran,
es justo que los dos paguen
la metedura de pata.
Y por último llegó
la que menos se esperaba,
la dimisión de Garzón,
lucero de la mañana,
salvación del felipismo,
arcángel de los sociatas,
azote de corruptelas
y látigo de golfadas,
que a don Felipe le ha hecho
al fin un corte de mangas
y es mejor irse de togas
que quedarse con los randas.

Son muchas las dimisiones
de la semana pasada,
pero falta por llegar

la dimisión más nombrada,
la que llenará ese día
todas las primeras páginas,
la que un suspiro de alivio
provocará en toda España.

(COPE, 9 de mayo de 1994.)

Romance de la bacanal

Estaba don Luis Roldán
recostado en el triclinio
sin más túnica ni manto
que unos leves calzoncillos,
calzoncillos estampados
de esos que llevan los gringos
con lunares de colores
decorándole el culito
y pintándole bodoques
en tal semejante sitio.
Se le notaba la toña
en ese color rojizo
que pone en las dos mejillas
el trago largo de vino
si pasa de la botella
uno, dos o tres cuartillos,
o las copas de aguardiente,
de coñac o marrasquino,
el champán y las angulas
que paga el españolito.
Ni los romanos de Claudio
ni los griegos de Filipo,
ni jamás en Babilonia
ni en los palacios de Egipto
organizaron orgías
de tan lujuriosos ritos.
No muy lejos de Roldán

se sienta un desconocido,
algún compadre de juerga
que está un poco más vestido,
y que se prueba un sostén
sobre su pecho escurrido,
como si a Susana Estrada
se le cayera el corpiño.

Una señora, de espaldas,
pone el gozo femenino,
una Venus que no nace
del azul fondo marino,
sino que es brazo de mar
según su cuerpo es rollizo.
¡Qué anuncio de Michelín
hemos con ella perdido!
Una braga que fue blanca
el año que murió el Quico
y que ha tomado el color
del marfil o del barquillo,
le cubre parte del anca
y el bullarengue caído,
tan caído y arrugado
que parece elefantino.

Otra beldad, o la misma,
sí que enseña el frontispicio,
y es ya provecta matrona,
madura madre de hijos,
que tiene una cicatriz
atravesando el ombligo
por donde en partos difíciles
suelen sacarse los niños.

Esos que el rey Salomón
define en su libro lírico
El cantar de los cantares
como dos corzos mellizos,
más que corzos, son en ella
dos ejemplares bovinos.

Villaconejos no vio
melones así de henchidos.

¡Las juergas que se corría
Luis Roldán entre estos pingos!,
que si eran cutres las juergas
es que es así el individuo,
mezquino, cutre, piojoso,
miserable, nuevo rico,
que también para trincar
hay que tener un estilo.
Dándoles vuelta a las letras
que componen su apellido,
se lee, no Roldán, ladrón,
que quiere decir lo mismo.

Mientras, los guardias civiles
andando por los caminos,
bajo el calor en verano
y en invierno bajo el frío,
con la paga muy escasa
y el deber más que subido,
y jugándose la vida
contra bandas de asesinos.

Ahora Roldán estará
en una isla del Pacífico,
debajo de un cocotero,
luciendo sus calzoncillos,
meciéndose en una hamaca,
rascándose el caramillo,
y gastándose el dinero
que tiene en los bancos suizos.
Y aquí, Narciso y Felipe,
don Felipe y don Narciso,
sin bajarse del Gobierno
y presumiendo de listos.

(COPE, 16 de mayo de 1994.)

Romance por carceleras

Por las puertas de la trena
unos entran y otros salen
que están los jueces cachondos
metiendo gente en la cárcel.
Entra un famoso en el trullo
a cada aurora que nace
y sale un famoso de ella
al declinar de la tarde.
Ay, qué trasiego se llevan
magistrados y fiscales,
que están poniendo a la sombra
barandas y personajes,
sindicalistas de trinque,
bancarias autoridades
o señoras sospechosas
de mangancias conyugales.

Si siguen así los jueces
e insisten los tribunales
en que pasen por la celda
personas de tanto empaque,
en alguna galería
de población elegante
organizarán guateques,
saraos, fiestas y bailes
y contarán el suceso
Mariñas y Eugenia Yagüe.

Los modistos Valentino,
Christian Dior y Giorgio Armani
dibujarán los modelos
de los carcelarios trajes,
pantalones y chaqueta
de seda a rayas muy grandes,
un gorrito de lo mismo
a listas horizontales
y un número sobre el pecho
en bordado de realce.

Hay celdas que son famosas
por el ilustre habitante
que en ella pasó las horas
de su fortuna menguante.
Doña Manuela Carmena
será justicia que mande
poner en ellas la placa
que inmortalice aquel trance.
«Vivió aquí Mariano Rubio,
que con su firma es garante
del valor de las lombardas,
que son los billetes grandes.
No hay firma más repetida
ni firma más importante
en la España socialista
de don Felipe González.
Varios días pasó amargos
y varias noches sin Carmen,
porque el buen gobernador
resultó ser un farsante.»

«Aquí, Manuel de la Concha
tuvo ocasiones bastantes
para imitar de Angelillo
las aflicciones cantables
y cantar por carceleras
que es muy dolorido cante.
Un Ibercorp yo tenía
que daba pasta a raudales,

mucha más de las que tienen
los maharajás y sultanes,
y ahora me miro viviendo
igual que los criminales.
Ay, que malas consecuencias
tienen las cosas del mangue.»

Celda de la Salanueva,
comepapel y marchante,
tragadora de bobinas
y perita en obras de arte,
ventrílocua prodigiosa
que imita voces reinantes.
Celdas donde el Peseúve,
Barrabés el del enjuague,
Barrabás, dicen algunos
Evangelio por delante,
y Carlos Sotos purgaron
la avidez de sus rascuales,
estómagos que digieren
como si fueran guisantes
el hormigón y el cemento,
el ladrillo y los cristales,
que los modestos obreros
pagaron para casarse
o para tener un techo
a la hora de jubilarse.

Ay, celda de la Roldana,
Blanca de nombre y de carne,
donde paga una mujer
delitos ministeriales,
mangancias que hicieron todos,
mangancias que todos hacen,
ese fondo de reptiles
que los ministros reparten
con secretarios de Estado,
subsecretarios y adláteres,
y las ricas comisiones
de las obras estatales.

Aún hay celdas por llenar,
que esperan para llenarse
la llegada de Juan Guerra
entre sus socios mangantes,
la visita de filesios
con informes fantasmales,
Galeote, que el despacho
al juez Barbero no abre,
el Fernández Marugán,
que allí sigue tan campante,
el propio Chiqui Benegas
y la *Ópera* Aida Álvarez.

Y aún falta la carcelera
de alguien que merece cárcel
pero su nombre no digo,
porque es prudente callarle.

(COPE, 8 de julio de 1994.)

Romance de Pujol

Llorando bajan al mar
las Ramblas de Barcelona,
y está Colón en el puerto
llora que te llora, llora.
Las dos torres de Gaudí
vierten sus lágrimas locas
y los balcones gaudianos
se retuercen en congojas.
Parece llanto de piedra
la arquitectura famosa,
ni dórica ni corintia,
ni gótica ni barroca,
y sus columnas parecen
pesadillas a deshora,
desconsuelos que lamentan
tribulación salomónica.
La plaza de Cataluña
tiene una pena muy honda
y se le pone más triste
la cara a don Miguel Roca.
El palacio de San Jaime
está de fúnebres pompas
y está de luto la sala
donde el *president* labora.
Llora don Maciá Alavedra
con su cabeza económica
y llora José Luis Núñez

sobre la Copa de Europa.
Canta doña Montserrat
los gorgoritos de *Tosca*,
la guitarra de Peret
mejor que sonar, solloza,
y a don Baltasar Porcel
se le ve la pluma rota.

Tantos duelos y quebrantos
no llegan por otra cosa
que por rodar en rumores
y por andar en historias
un retoño de Pujol,
Pere Pujol Ferrusola.
Las cosas que están ocultas,
con más o menos demora,
siempre acaban por salir
al sol o a la medio sombra,
y ha salido a relucir,
no ya en verso, sino en prosa,
el trinque, la mamandurria,
el mangue y la trapisonda
que se llevaba entre manos
con otras varias personas
el chico del *president*
y de Marta Ferrusola,
amparado en la influencia
que concede la poltrona.
Ya sabéis que en Cataluña,
y mejor, en Barcelona,
todo marcha más que bien
siempre que la bolsa *sona*.
La *mongeta* es la *mongeta*
de Figueres a Tortosa,
y si lleva butifarra
no va a hacer ascos la trompa.

No es de buenos catalanes
ganar dineros sin honra.
Cataluña lleva fama

de ser patria laboriosa,
y su gente es gente seria
cuando trabaja o negocia.
Ganan si pueden ganar
y cuando hay que ahorrar ahorran.
Pero si anda de por medio
la política traidora,
y se ve que todos trincan
y que el mangue es ya la norma
en este país de fábula
donde casi todos roban;
si trincan los gerifaltes,
directores, directoras,
los cuñados, los hermanos,
los sobrinos, las señoras,
compañeras, barraganas,
querindangas y mozcorras;
si hay pícaros que se hinchan,
galopines que se forran,
descamisados que visten
camisas de hilo de Escocia,
los amigos del poder,
gustavos y sarasolas,
polancos y polanquitos,
galeotes, galeotas,
óperas y salanuevas
y toda la larga tropa,
¿cómo se puede pedir
una resistencia heroica
al chico del *president*
y que quede sin bicoca?
Y además, ¿dónde se va
con una cifra tan corta,
diecisete milloncejos
que no dan ni para sopas,
cuando los demás se comen
a centenares las roscas?
Si alcanza la corrupción
esas cifras espantosas
que puestas en un montón

forman cumbres montañosas
y que podrían cegar
nuestro lago de Bañolas,
¿qué importancia ha de tener
que algún Pujol Ferrusola
se adjudique unos concursos
que suman tres perras gordas
y que no sacan de pobres
ni a los que piden limosna?

Señores, a barra libre
las corrupciones funcionan,
y ahí está Mariano Rubio
tomando el sol en Mallorca
junto a Carmen de Posadas,
prudentísima señora
que por no meter la pata
cerrada tiene la boca,
que en boca que está cerrada
no pueden entrar las moscas.
Está el prófugo Roldán
viviendo a la sopa boba
debajo de un cocotero
y tumbado a la bartola,
como si fuera un Onassis
o el Aga Khan en persona.
Olleros cruzan la calle
con el dinero en la olla,
y al hermano de Mienmano
no hay quien lo meta en chirona
y va en Mercedes azul
por las calles de Chipiona,
por las calles de Conil,
de Benamejí hasta Loja,
de Sanlúcar a Lucena
y de Sevilla a Carmona.
¿Por qué no puede trincar
una pasta más que módica
ese niño de Pujol
y de Marta Ferrusola?

Dejadle que trinque un poco,
si no, la hiel le explosiona.
Y que venga el otro hermano,
el que llevaba la antorcha,
con ese cartel que pide
el *Freedom for Catalonia*
y tenga las manos libres
Pere Pujol Ferrusola.

(*ABC,* 22 de agosto de 1994.)

Romance del soplamocos

Estaban los diputados
sentaditos en sus mesas,
tomando café caliente
mientras hojean la prensa.
Don Ignacio Salafranca,
que es señoría pepera,
sorbiendo está su café
sin saber lo que le espera.
Discutía poco ha
con Carmen Díez de Rivera,
diputada socialista
aunque de centrista cepa,
valida de don Adolfo
y ahora musa filipea,
hembra de temperamento
si no mujer de bandera.
Lo que el hombre debatía,
mejor no lo debatiera.
Eran quizá los controles
de las torres de Marsella,
que declararon de pronto
una inoportuna huelga,
y ambos eurodiputados,
Salafranca y la Rivera,
se enzarzaron en debate,
ojalá que no lo hicieran.

Entró de pronto en la sala
Carmen Díez de Rivera
con el paso decidido
y la mirada de fiera.
«Carmen, Carmen, Carmen, Carmen,
¿dónde vas tan altanera?»
«Voy a dar un soplamocos,
un bofetón, una oblea,
un sopapo en los carrillos
y una guantada en las muelas
a ese Ignacio Salafranca
que mandó aquí la derecha.»
Dicho y hecho. Doña Carmen
dos veces no se lo piensa,
se va al eurodiputado
y con la su mano abierta
le administra un soplamocos
que en Estrasburgo resuena.
En su tumba, Calomarde
por poco no se despierta
a decir que manos blancas
es lógico que no ofendan.
Que no ofendan es posible,
pero molestar, molestan.

La sala se queda muda
ante la torta batueca.
Esta forma de diálogo
en Europa no se lleva,
y todos los diputados
que hay sentados en las mesas,
se han llevado al mismo tiempo
las manos a la cabeza.
Si estos son los argumentos
que se gastan las iberas,
y si este jetazo histórico
lo ha propinado una hembra
así, tan poquita cosa,
y que es una mosca muerta,
esta rubia melindrosa

que se troncha y que se quiebra,
con cinturita de junco
y con palillos por piernas,
modosa y educadita
Carmen Díez de Rivera,
¿qué guantadas no darán
las mujeres de una pieza,
bien doña Carmen Romero,
bien doña Cristina Almeida,
bien doña Amparo Rubiales,
bien la Narbona, que es recia,
bien la Isabel Villalonga,
la sargenta madrileña,
o María Antonia Martínez
que es la que manda en mi tierra,
mujeres de rompe y rasga,
enteras y verdaderas?
Y ya no quiero pensar
qué raza de zapatiesta
se podría organizar
con la catalana aquella,
llamada Ana Balletbó,
cuando decía, muy seria,
que no le tocaran eso
que el príncipe de Inglaterra
cual joyas de la Corona
desde una ventana enseña
y que a reyes y a plebeyos
de la entrepierna les cuelga.

(COPE, 16 de septiembre de 1994.)

Romance nuevo de Romeo y Julieta

Cuento una historia de amor
que es sainete y casi drama.
Allá arriba, en un tercero
de la calle de Palanca,
un muchacho veinteañero
se apoya en una ventana,
y otros chicos en el cuarto,
conversan, beben o bailan.
Está el mozo enamorado,
que a su edad no es cosa extraña,
y la niña de sus ojos
también está enamorada.
El colega se ha sentado
al borde de la ventana
por tomar un poco el aire
que llega de Guadarrama,
que es el amor una hoguera
de muy encendidas brasas
y hace arder el corazón,
la perinola y el alma.

Goza el Romeo del céfiro
que sus ardores le calma
sentado sobre el alféizar
con la mayor confianza,
porque sin mover las piernas
y sin trasladar las nalgas,

no hay aparente peligro
de darse la costalada.
El joven de nuestra historia,
o sea, el tronco de marras,
no contaba con la huéspeda,
es decir, la dulce amada.
Llegó la ardiente gachí
hasta su prenda adorada
le echó los brazos al cuello
hasta rodear la espalda,
le apretó con tanta furia,
le atacó con tantas ganas,
le dio un envite tan bravo
y una embestida tan brava
que terminaron los dos
en medio de la calzada,
y en vez de campo de plumas,
fue de adoquines la cama.
Ya se sabe que las jais
están desencadenadas
y ahora, en batallas de amor,
siempre van a la vanguardia,
y el varón en retambufa
y con la dalia envainada.
¡Cómo atacan las gachises
en estos tiempos, caramba,
y qué abrazos que te pegan,
que o te secan o te matan!

Cayeron de un tercer piso
las dos criaturas trenzadas.
Menos mal que san Hilario,
o quizás más santa Bárbara,
por lo que tienen de trueno,
de triste muerte les salvan,
que no es hermoso morir
cuando empieza la jarana.
Julieta dicen que tiene
las dos muñecas quebradas,

el codo escachifollado
y una costilla rajada.
La mano diestra a Romeo
ya no le sirve de nada,
ni siquiera de manceba
para curar las nostalgias,
y tiene la anatomía
largamente magullada.
Nada dicen los autores
de las partes menos castas,
así que lo que a Romeo
le da de Romeo trazas
parece que se conserva
en estado de batalla
sin mayores deterioros
puesto que cayó de espaldas.
Cosas de los tiempos nuevos
y del siglo que se acaba.

Antes, Romeo subía
al balcón, por una rama,
y ahora Julieta lo trinca
y lo echa por la ventana.

(COPE, 23 de septiembre de 1994.)

Romance panocho

Si m'esclafo en er Senao
de senaor facundioso,
cuando prenuncie un discurso
lo platicaré en panocho,
que es llengua de chirivía
y galbanzos con mondongo
en que platica mi suegra
con su novio er tío Pacorro,
er zagal de la Santica
con la zagala der Troncho,
er tío Caliche er perráneo
con la mujer der Garrofo;
que no la llamo Garrofa
porque más que vaina es rosco
y la presidienta Antonia
con su compaere er Arfonso,
ese ar que le icen er Guerra
pos da más guerra que er moro.
En panocho habla la Antonia
y él en latín mecarrónico,
como hablaba con er Tierno,
arcarde de oso y madroño.

Denantes que lo digáis
yo asina lo reconosco.
Er panocho en que sus hablo
no es panocho der cogollo,

como se habla en Zaraiche
y en la venta San Antonio,
que va para munchos años
que dejé aquellos rastrojos
onde pasé tuiquio er tiempo
de mamón y de mocoso,
de zagalico crecío
y aluego aluego, de mozo.
Y m'hecho ya churubito
d'escrebir en los periódicos,
de hablar en los Escoriales,
de recitar en el loro
ese que llaman la Cope
pus tós los dias v'al copo,
romanciquios de pulítica
y de darle leña al mono,
que ya me salen las eses
hista por los mesmos codos,
y suerto cada remirgo
con el «ido» y con el «odo»,
con el «edo» y con el «ado»
que si m'escuidio, me pongo
más fino que una perdís,
más tieso que un ajo porro,
más lamío q'un magistrao
y más dengue q'un canónigo.
Digo «dedo» en vez de «deo»
y en vez de «tó» digo «todo»,
y hasta «pedo» en vez de «peo»
como icen los sabijondos.

Dende que salí de Murcia,
platiqué en panocho poco,
que d'estar en los madriles
s'afinao muncho er pitorro,
quiero dicir er galillo
por aonde las cosas nombro,
y la llengua de mi huerta
se m'entrompica en los morros.
Ya no digo cornijal,

ni bardiza, ni ceporro,
y en vez de azarbe y de cieca
digo cauce o digo arroyo.
En lugar de dicir pijo,
muchas veces digo «corcho»,
y en vez de dicir «capullo»,
que es floral, florido tropo,
digo magué, que es caló,
la morronga o er morrongo.

Pero la llengua murciana
que aquí mesmo us esperfollo
es muncho más encadémica
de grematicales móos
que la que gasta er Pujol,
por mal nombre Pirindolo
por tó lo que tié de nano
y tó lo que tié de gordo,
que otros llaman «Cebollet»,
en castellano Cebollo.
En vez de hablar catalán
igual que l'inglés en Oxford,
el mesmo que s'habla en Vich,
patria del Balmes famoso.
qu'escrebía aquellas cartas
en plan romano católico,
la llengua de mosén Cinto,
que era un catalán de oro,
habla como una zambomba,
pronuncia como un zambombo
un catalán de «mongeta»,
de «botifarra» y de «mosso»,
de «xiquet» y de «pagès»
y de «plorar» largo «ploro».
Si er Yordi echa otra soflama
en el chiribito autónomo,
platicando en catalán
como si hablara en chinorro,
me va a entrar una risiquia
por en medio de los morros

que me meo en los zaragüelles
y aluego me descojono
o me voy patas abajo
y dejo un saco d'abono.

Pues déjese osté a ese Yordi
y agárrese osté ar Manolo,
que s'abajao de Galicia
falando galego a modo,
y te suerta una «saudade»,
o te suerta un «pobo noso»
como si «fose» a escrebir
cantigas do re Alfonso
o letanías galegas
del monasterio de Poio.
Vaya un cisco que s'armao
en er Senao autonómico,
tó dios hablando en su llengua
y tós los que escuchan, sordos,
u teniéndolo que oír
por la chicharra er micrófono.
A la torre de Babel
los llevaba yo en un soplo,
y les daba masculillo,
dimpués les daba un mamporro,
y de postre un calichazo,
un revés y un soplamocos
a ver si aprenden a hablar
como tóos hablamos, coño.

(*ABC*, 27 de septiembre de 1994.)

Romance del Cipriano

Los guerristas andaluces
de la orilla de La Rábida
y de las tres carabelas
se han graduado psiquiatras.
No he logrado averiguar
por qué escuela se decantan,
si por la escuela de Jung
o por la escuela froidiana,
pero hacen unos diagnósticos
de no te menees, Mariana,
y le buscan paranoias,
esquizofrenias o insanias
ya al propio Cipriá Ciscar
o ya al lucero del alba.

Han tumbado en el sofá
para psicoanalizarla
a esa gloria socialista,
gloria también valenciana,
llamada Cipriá Ciscar,
que es nombre que tiene guasa.
Cipriá se dice Cipriano
en la lengua castellana,
y eran Cipriano de nombre,
si el recuerdo no me falla,
Cipriano Rivas Cherif,
que fue cuñado de Azaña,

y aquel don Cipriano Mera
que luchó en Guadalajara.
Pero el Cipri más famoso
de los páramos de Hispania
es el Cipriano del chotis
que doña Olga Ramos canta.
Era cajista de imprenta
como don Pablo, el sociata,
y cuando bailaba el chotis
a izquierdas, como Dios manda,
bajaba tanto la mano
acariciando las nalgas
que la novia le decía:
«Cipriano, que te la ganas.»
Lo de Ciscar es mejor
no buscarle otras palabras
porque las que son sinónimas
ni son limpias ni son blancas,
que ciscar, en castellano,
y en la cervantina parla
quiere decir evacuar
zullarse, irse de cámaras,
que es irse de las del vientre
y no de las diputadas,
escagarruciarse, obrar,
deponer o hacerse caca.

A Cipriano, los guerristas
le analizan las palabras,
le observan atentamente
lo que tiene en la mirada,
ambos los ojos en blanco
con la pupila arrobada,
le miran la cabellera
hirsuta, crespa y grifada,
como si de un manicomio,
enloquecido, escapara;
cómo se carga congresos,
como elecciones se carga,
cómo en el éxtasis entra

cuando don Felipe parla,
y tras de reconocerle
por delante y por la espalda,
han publicado un diagnóstico
que no permite esperanza.

Cipriano está majareta,
mochales, como una cabra,
lunático, paranoico,
con la chaveta pirada,
chiflado, falto de juicio,
maniático y majara;
está para que lo pillen
y lo metan en la gavia.

(COPE, 30 de septiembre de 1994.)

Romance de Lady Di

Un comandante mayor
hijo de la Gran Bretaña,
que sirve en caballería
y es perito en cabalgadas,
el arte de equitación
le enseñó a Lady Diana.
Y algunos ingleses dicen
con licencia descarada
que más que aprender, enseña,
porque la princesa es sabia
en el arte de montar
cual policía montada,
sobre todo desde el día
que llegó a Bukingham Palace.

No era torpe la princesa
ni tampoco era novata,
ni se puede decir de ella
que fuese una principianta,
porque ya en muchas carreras,
con caballos de otras cuadras
había experimentado
muy diversas galopadas.
Es el lecho aquella hierba
que va del hoy al mañana,
según escribió el poeta
nacido en tierra oriolana,

y la princesa corrió
por dulces prados de grama,
o sea, por los hipódromos
que en prosa llamamos cama.

Es un rufián y es un chulo
el comandante de marras
que después de galopar
sobre la potra de nácar,
los trances de la carrera
profusamente relata:
cómo ponía la silla,
cómo el bocado ajustaba,
cómo sube el pie al estribo,
cómo al lomo se encarama,
cómo acompasa al galope
el ritmo de las dos nalgas,
cómo aprieta las rodillas,
como las riendas soltaba,
y cómo da rienda suelta
al tierno afán que la embarga.
Ese James Hewitt que digo
es un traidor y es un vaina,
que contó a una Pasternak
que lleva por nombre el de Ana
todo el historial completo
del *love* de la Diana,
ya la leyenda del beso,
ya la rendición de faldas.
No es propio de caballeros
que tienen buena crianza,
ni fue de équites cumplidos,
ni hidalgos de buena casta,
dar a conocer los lances
que de amor en las batallas,
sobre los campos de pluma,
protagonizan las damas.

El comandante será
todo lo que os dé la gana,

pero hay que reconocer
por decir verdad plenaria
que la dulce princesita
con su carita de santa,
y su aire de mosca muerta,
es una buena lagarta.
Diría mi bisabuela
con palabra mesurada
que la niña nos salió
un poquito casquivana,
algo ligera de cascos
y algo movida de ancas,
por no dir que hurgamandera
y un tanto putarazana.
El príncipe su marido
quiso convertirse en támpax
de aquella Camilla Parker
con la que ramoneaba,
pero ella lo convirtió
en cornucopia ampliada
y le dejó la cabeza
previamente coronada.

(COPE, 7 de octubre de 1994.)

Romance de Jesulín

Era Jesulín de Ubrique
un fenómeno del ruedo
que tiene entre las gachises
muy grande predicamento.
El predicamento es cosa
(conviene aclararlo luego)
que unos lo tienen más grande
y otros lo tienen pequeño,
más nada tiene que ver
con viriles instrumentos
ni con todo lo que cubren
taleguillas de torero.
Entre mujeres y toros
pasa Jesulín su tiempo,
que es como pasarse el día
saltando de cuerno en cuerno,
en la plaza por la tarde
y por la noche en el sueño.
Torero de muchos toros
y amante de muchos cuerpos
de cuerno en cuerno ha de ir
en alcobas y en alberos,
dos cuernos deja en la plaza,
muchos más pone en el lecho,
a veces a volapié,
otras veces recibiendo.

Es Jesulín el de Ubrique
torero de gran suceso,
aunque un tanto caprichoso
en las suertes y en los gestos.
Lo mismo cabalga un toro
como si fuese un jamelgo,
y le da cuatro galopes
o dos trotes de paseo,
que hace la lidia a bocados
y empieza a morder un cuerno,
unas tardes pega un brinco
y otras rueda por los suelos.
Un día en televisión,
con la Milá de por medio,
le preguntó una señora
si es verdad que tiene miedo.
Dio un respingo el Jesulín,
se abalanzó hacia los medios,
y delante de las cámaras,
antes que se dice un Credo,
se bajó los pantalones
y se quedó casi en cueros
por mostrar las cicatrices,
costurones y recuerdos
que le dejaron los toros
en el lugar más pudendo.
Valiente, nadie lo duda.
Otra cosa es ser torero.

A la plaza de Aranjuez
se fue Jesulín derecho
y se encerró con seis toros
y el séptimo que es sobrero.
A esa corrida, los machos
tienen prohibido el acceso,
y en tendidos y barreras
sólo bulle el marujeo.
El *Concierto de Aranjuez*
fue compuesto por un ciego,
y así se libró de ver

ese espectáculo nuevo
que bien podría llamarse
los toros del gineceo,
la corrida de las jais
o el espectáculo ibérico.
Mató Jesulín los toros
y las gachises rugieron,
pedían las dos orejas
y el rabo con más empeño
no sacando a flamear
la blancura del pañuelo,
sino lencería íntima,
bodis, tangas y ligueros,
sujetadores y bragas,
que llevaban de repuesto.
Menos mal que las llevaban
y no sacaron lo puesto,
porque si no, la corrida
no acaba en desolladero,
sino que acaba en el Tajo
con el respetable en cueros.

(COPE, 14 de octubre de 1994.)

Romance de Javier de la Rosa

Cuando un capullo revienta
nace a la vida la rosa,
y la rosa de Javier
vio la luz en Barcelona,
rosal de Jordi Pujol,
Alavedra y Miguel Roca.
Por la Rambla de las Flores
viene Javier de la Rosa
meditando en la manera
de llenar pronto la bolsa,
y lo mismo le da ser
rosa blanca o rosa roja,
rosa de cristiana grey
o rosa de gente mora.
Color no tiene el dinero
según enseña un axioma.
Barcelona, ya se sabe,
es una ciudad *molt bona,*
pero más *bona* lo es
siempre que la bolsa *sona.*

En la Garriga Nogués
empezó a rodar la bola,
y en menos que canta un gallo
dejó la Banca en pelota.
Cien mil millones y pico
costó a Banesto la broma,

pero nadie, de su rama,
atinó a cortar la rosa,
y prosiguió don Javier
viviendo a la sopa boba.
Un negocio se le iba
y otro ganancia negocia.
Llegaron los kuwaitíes
y a su servicio se forra.
Cuando aquí llegan los moros
o las gentes de Mahoma,
y más si vienen con dólares
que muy fácilmente aflojan,
siempre sale a recibirlos
el consabido don Oppas.
En una remanguillé
de rapidez meritoria
desnudó a los musulmanes
y me los dejó sin ropa.
Con el culo en las goteras
y sin una perra gorda,
deja a quien coge por banda
y lo tira por la borda.
Esas torres inclinadas
que llaman Puerta de Europa
se nos quedaron a medio
porque se acabó la mosca,
y a dos velas se quedaron
los accionistas de Torras.

Adherido a los Albertos
hizo contratas de obras,
y no había trapicheo,
empanada o trapisonda
donde no estuviera él
yendo por algo o por todas.
A la sombra de Pujol
hizo ganancias redondas.
Quien a buen árbol se arrima
le cobija buena sombra,
y aunque Pujol es pequeño

da buena sombra su copa,
además de que le ayuda
doña Marta Ferrusola,
que es dama muy negociante
y muy provechosa *dona.*
Por empresario modelo
el presidente le nombra,
y los chicos de Pujol
en su experiencia se apoyan.
Por tomar, aquellos *nois*
hasta tomaron la antorcha,
y pedían en pancartas
el *Freedom for Catalonia.*
Al palacio de San Jaime
llevó don Javier su rosa,
y al amparo del palacio
crecen la fauna y la flora.
Entró en el Grand Tibidabo
y en un año lo descoña,
y deja a los inversores
casi pidiendo limosna,
con una mano en el culo
y otra mano en la morronga.
Sigue el desfile, señores.
Sigue el desfile, señoras.
Toda la *biútiful pípol*
va a terminar a la sombra,
Mariano Rubio el del banco,
después Manuel de la Concha,
y el capullo de Pujol
que es don Javier de la Rosa.

(COPE, 21 de octubre de 1994.)

Romance del juez Barbero

El juez Marino Barbero
con pasmosa diligencia
instruye a marchas forzadas
el sumario de Filesa.
La instrucción lleva por nombre
«procedimiento de urgencia»,
y con tanta prisa dicta
este juez sus providencias
que al cabo de los tres años
dos veces no se lo piensa,
se ciñe la toga al cuerpo,
se ajusta bien las puñetas,
y en menos que se santigua
un sacristán majareta,
a Guillermo Galeote
lo sienta frente a su mesa.

Ya sabéis que Galeote
estaba rema que rema,
suma que suma que suma,
resta que resta que resta,
amarrado al duro banco
de una galera filesia.
Él tomaba los dineros
y él soltaba la manteca,
él los números hacía
de la caja filipea,

así que el tal Galeote
es un pájaro de cuentas.
Esto que cojo a torcido
y esto que pillo a derechas,
el cazo de costadillo
y la bolsa limosnera,
la comisión que nos dan
menos algo que se llevan,
la mordida y el bocado,
el trinque y la mangoleta,
y en cuanto saquen las urnas,
ya está el gato en la talega.
Don Guillermo es un artista
para manejar las perras.

Le interroga don Marino
más de seis horas y media,
pero el pillo Galeote
maneja muy bien la lengua.
Oiréis bien lo que declara,
bien oiréis lo que dijera.
«Yo administraba el partido,
yo contaba las monedas,
yo anotaba los ingresos
y yo pagaba las deudas,
sólo yo soy responsable
de las cosas financieras.
No suba usted más arriba
por su madrecita buena,
no siga usted escalando
por la sociata escalera,
no se meta más adentro,
señor juez, que se la pega.
No me toque usted al Chiqui,
Chiqui, Chiquito Benegas,
y no cite a don Alfonso,
el gran don Alfonso Guerra,
que debe estar por encima
de cualesquiera sospechas.
Pero sobre todo, usía,

qué digo usía, vuecencia,
no me toque a don Felipe,
que eso sacrilegio fuera.
Don Felipe no es mortal
ni es un cristiano cualquiera,
no es de carne ni de hueso,
que es de divina materia,
es algo más que hombre o héroe,
es un dios sobre la Tierra.
Es él la Justicia misma,
y si se pusiera terca,
con sólo mover la mano,
la dejara, no ya ciega,
sino manca, coja, muda,
desollada y medio muerta.
Pero, señor juez, ¿qué dice?,
¿qué si sé algo de Filesa?
Lo de Filesa que sé
es lo que dijo la prensa,
que yo no puedo saber
lo que Felipe no sepa,
y como yo no me entero,
Felipe, pues no se entera.
Estoy de Filesa in albis
y a la luna de Valencia,
yo de Filesa no sé
ni de la misa la media.
Esta es la verdad de Dios,
y si esto mentira fuera
que se le paren los pulsos
al juez que no se le crea,
que se le seque el cerebro
y el Digesto se le pierda,
que lo tengan cuatro meses
con el culo en las Pandectas
y que le den masculillo
alguaciles de la Audiencia.»

Así Galeote dijo.
Barbero se echó otra siesta.

Pasaron otros tres años
sobre la instrucción de urgencia.
Marino será Marino,
pero está la nave quieta.
Barbero será Barbero,
pero el barbero no afeita.
Aquiles, de pies ligeros,
a la tortuga no llega,
según dijo en su aporía
el sabio Zenón de Elea,
y los pies del juez Barbero
andan con plomo en la suela.
Si la urgencia del sumario
fuera prisa de correncia,
de irse por la pata abajo
en catarata diarreica,
ahorita estaba Barbero
sentadito ante su mesa,
de válgame Dios por dentro
y embarrado hasta las cejas.

(COPE, 28 de octubre de 1994.)

Romance del cuñado

Felipe tiene un cuñado
que es marido de su hermana.
Conviene esta precisión
y dejar la cosa clara,
pues también podría ser
el hermano de su santa.
Y como él se llama Curro
según costumbre vernácula
de llamar a los Franciscos
en la tierra sevillana,
y la esposa de Felipe
es Romero apellidada,
esta sería una historia
del ruedo de la Maestranza,
y en vez de un gran pelotazo
sería gran espantada.
Ven un toro El Gallo y Curro,
y salen los dos de naja.
Palomino y no Romero
es como Curro se llama,
don Francisco Palomino
por decirlo en forma exacta,
más nada tiene que ver
con Palomino... y Vergara.
Este es Palomino a secas
aunque es después a mojadas,

porque mojar, ha mojado
en muy sustanciosas salsas.

Palomino, en los negocios,
tiene la vista del águila,
y se lanza desde arriba
sobre las presas incautas.
Se compró una parcelita
en tierras de Dos Hermanas,
que entre Hermanas y cuñados,
todo quedaría en la casa.
La parcela es suelo público
y se la venden barata,
valorándola en millones
treinta o cuarenta del ala,
regalo de Reyes Magos,
es decir, casi tirada.
Barato vende el Gobierno
al marido de la hermana.
Alrededor de políticos
siempre hay cuñados a manta.
Todos tienen un cuñado
si la Historia se repasa.
Gamazo tuvo un cuñado
que fue don Antonio Maura.
Cipriano Rivas Cherif
era cuñado de Azaña.
Ramón Serrano Suñer
a Franco le cuñeaba,
con ser sólo concuñado,
que es cuña más rebajada.
Don Carlos Robles Piquer
es el cuñado de Fraga.
Lito fue de Adolfo Suárez
cuñado de confianza,
y Francisco Palomino
con don Felipe se hermana.
Con una mano delante
y la otra mano en las nalgas,

estaba el tal Palomino
antes de que se casara,
y ni él mismo presumía,
ni él mismo se imaginaba
que iba a dar un braguetazo
de tamaña millonada.
Qué braguetazo, señores,
señores, quién lo pensara,
más de trescientos millones
se ha encontrado en esa braga.

Se levantó don Felipe
en Moncloa una mañana,
y con el café bebido
como el negro de La Habana,
dijo con la voz solemne
como el son de una campana:
«Ya se acabó la cultura
del pelotazo en España»,
y mientras esto decía
se le estrellaba en la cara
un pelotazo tan fuerte
que nos lo deja sin habla,
con una gripe política
apretada en la garganta.
Aquella breve parcela
que el cuñadito comprara
ya no vale los cuarenta,
los cuatrocientos alcanza.
Dragados y Construcciones
como un bendito la paga.
En multiplicar por diez
la cifra de sus ganancias
son vivos los felipistas,
son maestros los sociatas.
No es raro que Palomino
con esta y con otras mañas
tenga una casa en la tierra
y tenga un yate en las aguas,

y en el yate a don Felipe
en algún fin de semana.
Cuñados que están unidos
jamás nadie los separa,
ay, Palomo de mi vida
y ay, Felipe de mi alma.

(COPE, 4 de noviembre de 1994.)

Romance del juez Garzón

Helo, helo, por do viene
el juez Baltasar Garzón,
caballero a la jineta
en un auto de prisión.
«A la cárcel Sancristóbal,
sentenció el juez vengador,
y alguno que otro en la cárcel
se va a comer el turrón.»
Lo han dicho Ricardo y Nacho
con muchísima razón:
«Si a la cárcel van los santos,
al caer está ya *Dios*.»

Puso Garzón una Equis
en la famosa ecuación,
y cuando la vio Felipe
le ofreció el número dos,
pues le dio la alferecía
y el mal de San Temblecón.
Para despejar la incógnita
no hace falta ser Newtón,
y hasta los niños pequeños
de teta o de biberón
saben despejar la Equis
que el juez Garzón escribió.
Adivina, adivinanza,
adivina, adivinó,

con plumas y tiene cresta,
canta al despuntar el sol,
locas tiene a las gallinas,
fue importante en la Pasión,
en Méjico es de pelea,
quedó desnudo en Morón,
y guisado en pepitoria
es más sabroso capón.
Si alguno no dice «gallo»,
que lo hagan gobernador.
Quien hay detrás de la Equis
ya lo sabemos tú y yo,
ya lo saben Colombina,
Polichinela y Pierrot,
Chiquito de la Calzada
y Valerio Lazarov,
lo saben las mamachicho,
la Ochoa y el Lobatón.

Para que Garzón dejara
de insistir en la ecuación,
prometióle don Felipe
ser ministro de Interior,
y ministro de Justicia
que es ministro de entredós.
Limpio Garzón dejaría
el país de corrupción,
y sería otro san Jorge
triunfante sobre el Dragón.
Pocas veces don Felipe
cumple lo que prometió,
con dos palmos de narices
dejó Felipe al Garzón,
y en el ministerio puso
a Juan Alberto Belloch.

Nunca lo hiciera Felipe,
que hacerlo fue gran error.
La toga por armadura
y el código por morrión,

dejó Garzón el Gobierno
y al juzgado regresó.
Sumarios y diligencias
muy pronto despabiló
y con vistosas puñetas,
puñetas distribuyó.
Empezó a llamar galesios
y a tomar declaración,
y mandó en seguida al trullo
al tal san Cristobalón.
Veremos a donde llega,
escalón por escalón,
subiendo hasta Barrionuevo,
que es un galesio mayor,
ministro a más de vizconde
y socialista de pro,
o socialista de contra
que aquí sonará mejor.

Sin dar a las Navidades
justa consideración
va a mandar a la madrastra
al belén en procesión
partorcicas, pastorcicos,
Gaspar, Baltasar, Melchor,
Herodes, el Posadero,
la borrica y el cebón,
la Virgen y san José,
y si se descuida, a *Dios.*

(COPE, 23 de diciembre de 1994.)

Romance del *annus horribilis*

Mira Felipe González,
afligida la mirada,
a España cómo se ardía,
cómo se quemaba España.
Mira el año que se va,
maldito de Dios se vaya,
que ha sido un *annus horribilis*
como el de Buckingham Palace,
según declaró la *Queen,*
suegra de Lady Diana.

Paseando entre los árboles
que en la Moncloa hacen guardia,
al aire da don Felipe
sus tristes quejas amargas.
«Vete maldito de Dios,
año de la mala entraña,
que mala liendre te coma
y que mal viento te barra.
Que tormenta de granizo
borre tu nombre del mapa,
y que te entierren de balde
sin tañidos de campana,
sin un recuerdo en los libros,
sin una flor en la caja.
A las urnas andaluzas,
tan propicias a mi causa,

trajiste graves problemas
y muy funestas desgracias,
que al pobre Manolo Chaves
no lo dejan dar el habla.
Ni aprueban los presupuestos,
no lo votan, ni lo largan.

»Las elecciones a Europa
fueron una charranada
y por la primera vez
me ganó Aznar la batalla.
Mi cuñado Palomino
me dio un sofoco de marca,
y han salido a relucir
los cuñados y cuñadas
de este país de cuñados
desde los tiempos de Maura,
el cuñado de Cullell
y otro cuñado de Ardanza.

»No aparece Luis Roldán,
que estará en alguna hamaca,
con un mojito de ron
que le sirve una mulata,
pero el ladrón le mandó
a Pedro Jota una carta
donde denunciaba el trinque
de todos sus camaradas.
Otro remedio no tuve
que mandar a la madrastra
a quien desde tiempo antes
gobernó el Banco de España,
con sus cabellos tan blancos.
No siempre todas las canas
merecen ser venerables,
según Machado rimara.

»Vino la crisis de Iberia
que ni un gitano la salta.

Hacen estallar los médicos
un motín de batas blancas.
En Galerías Preciados
ya no les queda una lata.
Por si aun esto fuera poco,
sigue Europa empecinada
en que arranquemos las vides
y en que matemos las vacas.
Vilallonga ha descubierto
conjuras republicanas.
A cada dificultad,
Pujolet pide más pasta.
Garzón está como loco,
metiendo gente en la jaula,
y quiere ponerle nombre
propio a la *Equis* de marras.
Los precios siguen subiendo
mientras que la Bolsa baja.
Nos son gravemente adversas
todas las ocas sagradas.
El bribón de Alfonso Guerra
me toca las arracadas
y sale por peteneras,
por chuflas y por marianas.
Salgo a tramojo diario
por la opinión publicada.
«Ya escampará», dije un día.
Pero ya lo ven: no escampa,
y no tengo más receta
que palillo y flor de malva.
Maldito este *annus horribilis,*
maldito de Dios se vaya.»

(COPE, 30 de diciembre de 1994.)

Romance del empecinado

Este Felipe González,
presidente carismático,
cuñado de Palomino,
espejo de sevillanos,
tirriti de Rosa Conde,
azote de reaccionarios,
prez y honra de Mastrique
y en Madrid bunkerizado,
gruesos morritos frutales
y algunos cabellos blancos,
que fue milagro en Suresnes
hace diecisiete años,
no se va de la Moncloa
ni aunque saquen a los mansos.

Parece que a la poltrona
con goma le hayan pegado
lo que unos llaman el culo
con muy rústico vocablo,
y otros llaman posaderas
con más fino castellano,
asentaderas, rabel,
pandero o antifonario.
El caso es que don Felipe
al sillón ha atornillado
el trasero, el nalgatorio,
los glúteos y el tifonario

de tal modo, que le llaman
Felipe el Empecinado,
igual que aquel Juan Martín,
pesadilla de gabachos.

Salta en Sevilla Juan Guerra
y se mete en el despacho
a tomarse cafelitos
mientras pega el pelotazo.
Van los hermanos Ollero
por las calles y los campos,
con la pasta en la maleta
y la maleta en las manos.
Está la vaca Filesa
con las ubres reventando,
y el juez Marino Barbero
duerme al sol como un lagarto.
Están Malesa y Macosa
venga de cobrar ducados
a cambio de los informes
que pagaron los finados
Pedro de Toledo muerto
y Broseta asesinado.
Rumasa ha dado más leche
que los Pascual en diez años.
Desde el Banco a la madrastra
se llevan a don Mariano,
y desde la Bolsa al trullo
a De la Concha llevaron.
Se ha fugado Luis Roldán
con los gastos reservados
y le ha dado a Pedro Jota
el nombre de los forrados.
Don Mario Conde en su celda
juega al mus ordagueando
con Arturo Romaní,
un chorizo y un gitano.
Javier de la Rosa eleva
telegramas a lo alto
diciendo «Estoy en la cárcel»,
y si no me sacáis, canto.

Echaron a Alfonso Guerra,
García Valverde ha cesado.
Desapareció Corcuera
tal cual electrocutado.
Dimitió Vicente Albero,
Solchaga se fue del cargo,
más don Felipe González
sigue al sillón amarrado.

El asunto de los «Gal»
ha pegado el petardazo
y el juez Baltasar Garzón,
vendetta de siciliano,
ha sacado a relucir
más de veinte asesinatos.
Está la Bolsa en los suelos,
la peseta, tiritando,
el contribuyente, en cueros,
Jordi Pujol, apandando,
el desempleo, creciendo,
y la nación, al carajo.
Pero a Felipe González,
Felipe el Empecinado,
no se lo lleva el diluvio,
no se va ni con los mansos.

(COPE, 30 de diciembre de 1994.)

Romance de la equis

Salió Felipe González
por la pantalla pequeña,
el su rostro demudado,
la su color macilenta,
la su mano temblorosa,
y la su voz casi trémula,
y lo que no se le vio
sabe Dios cómo lo lleva,
que el miedo se ve por dentro
mucho mejor que por fuera.
Mirad la que está cayendo
en esta negra tormenta,
el juez Marino Barbero
que amenaza con Filesa,
la palinodia que cantan
los dos niños de Viena,
Amedo y Michel Domínguez,
del juez Garzón en la oreja,
Barrionuevo en entredicho,
Sancristóbal en la trena,
junto a Álvarez y Planchuelo
y el secretario de Vera.
No sería cosa extraña
que entre tanta peripecia,
tanta inquietante amenaza,
tanta asechanza siniestra,
el presidente Felipe

González que nos gobierna
llevara algún palomino
decorando su culera
como quien lleva un cuñado
estampado en la entrepierna.

Salió Felipe González
por la pantalla pequeña
y dijo que él no es la equis
que el juez Garzón escribiera
en lo más alto del «Gal»
como charada malévola.
«Que me quiten de la vista
esa equis torticera,
que no la miren mis ojos,
que no, que no quiero verla,
que no quiero ver la equis
al ojal de mi chaqueta.
Llevaos presto de mis ojos,
esa malhadada letra,
vergüenza del alfabeto
cruz donde muere la lengua,
tachón de pluma maldita,
aspa de molino en tierra,
terca incógnita del álgebra
y del juez Garzón *vendetta.*»
Así dijo don Felipe
con inflexiones patéticas,
y mientras así decía
se vio a la equis aquella
flotar como un ectoplasma
y dibujarse inconcreta
en el aire de la estancia
en redor de su cabeza,
igual que los fuegos fatuos
que de los muertos se elevan
como sus viejas mentiras
ardiendo en fosforescencias.

«Yo sé lo mismo del "Gal"
que usted que me lo plantea.
A Amedo no lo conozco,
Domínguez no sé quién sea,
de lo que hicieran en Francia
no tengo ni puta idea.
¿Álvarez?, será un alcalde
que a Madrid dio la derecha.
Ese Planchuelo que dice
será una plancha pequeña,
o un planchazo que se tire
algún cuervo con puñetas.

Sancristóbal cruza un río
con el Niño a coscaletas,
y no sé que haya bajado
estos días a la tierra.
Aunque a mi vera haya estado,
no es Gobierno Rafael Vera,
y si pillan a un ministro
en alguna piruleta,
dimite como Solchaga,
dimite como Corcuera,
y yo quedo inmaculado
lo mismo que una patena.
Gobierno sólo soy yo
y contra mí no habrá pruebas,
y os seguiré gobernando,
por las malas o las buenas,
así quede la Nación
pobre, manca, coja y tuerta.»

(COPE, 13 de enero de 1995.)

Romance de la televisión

Vienen las televisiones
con sorpresa tras sorpresa.
¡Qué cosas salen, Dios mío,
por la pantalla pequeña!
Gabilondo hace preguntas
y Felipe las contesta,
diciendo que de él alejen
la antepenúltima letra,
que él no es autor de la célebre
Fábula de Equis y Zeda,
que del «Gal» sabe lo mismo
que pueda saber mi suegra
y que de eso está tan lejos
como del crimen de Cuenca.

Manolo Campo Vidal
le tira a Aznar de la lengua,
que es igual que sacar leche
de la teta de una merla,
pues si los pájaros maman
yo soy doña Berenguela.
Aznar es muy aburrido
y el otro es muy sinvergüenza.

Ayer, al cuarto de estar
se me metió Alfonso Guerra,
y dijo tales machadas,

negó tales evidencias,
que oyéndole parecía
que el país de las Batuecas
es el de las Maravillas,
o Alemania, o Inglaterra,
y que el español no está
a la luna de Valencia,
tieso como la mojama,
con el culo en las goteras.
Y por si fuésemos pocos
parió en TV la abuela,
y allí salió Sancristóbal
casi en traje de etiqueta,
más bonito que un san Luis,
astuto como culebra,
ingenuo como paloma,
la lección, de memorieta,
y poniendo al juez Garzón
como no digan las dueñas.
«Si Garzón busca la equis,
yo le encontraré la zeta»,
y entre jueces y fiscales
se armó la marimorena.
Se ajustaron bien las togas
y un revuelo de puñetas
invadió el aire tranquilo
de las salas de la audiencia.
Los ministros y los jueces
se han declarado la guerra,
Barrionuevo los denuncia
y Felipe se querella,
a las puertas de la cárcel
se encuentra ya Rafael Vera.

Huyendo de la política
caigo al sexo de cabeza.
Por si la doctora Ochoa
no fuera buena maestra
para explicarnos las cosas
que hacen el nene y la nena

en cuanto tienen un rato
de retozar en la hierba,
ahora sale Isabel Gemio
hablando de la jodienda,
y nos enseña un *sex shop*
o pornográfica tienda,
con perinolas de goma
y con bolas japonesas,
ilustrando a los iberos
e ilustrando a las iberas,
en las mañas misteriosas
y en las artes esotéricas
de tocarse el boniato
o de frotarse la breva,
que son cosas que natura
a todo cristiano enseña.

No sé qué cosa es peor
de estas que hay en las Batuecas,
si la honradez de Felipe
o de Isabel la decencia.

(COPE, 20 de enero de 1995.)

Romance de Lovaina

No lo tendrá en el gobierno
según la prensa británica,
pero Felipe González
tiene el honor en Lovaina,
porque Lovaina lo eleva
a doctor *honoris causa.*
Tienen el honor algunos
en partes un tanto extrañas,
por ejemplo, en la entrepierna
de la chorva o de la santa,
y cuando falta de allí
sale por la frente en astas,
y ese es honor que definen
comedias calderonianas.
Otros tienen el honor
en el puño de la espada,
y si les llamas narciso,
petimetre o adelaida,
sacando presto el acero
te cosen a cuchilladas.
Muchos tienen el honor
en la faltriquera flaca,
así que cuando la llenan
empiezan a deshonrarla.

A veces no es envidiable
este honor que dan las aulas,

que Mario Conde lo tuvo
de Villapalos por gracia,
que otros llaman Villapelas
por lo bien que las afana,
se vistió con la muceta
ante la flor y la nata
del Reino, que hasta Juan Carlos
estuvo en aquella sala,
y al poco nos lo pusieron
a la sombra en la madrastra.
No quiera Dios que Felipe
tenga la misma desgracia.

Aquella Universidad
es muy famosa en España.
En ella vieron la luz
doctrinas socialcristianas
y estudiaron siempre allí
estudiantinas hispanas.
Los jóvenes españoles
a don Felipe esperaban
para darle el parabién
por distinción tan preciada,
honrarse en la compañía
de aquella lumbrera patria
y de paso preguntarle
cómo está el patio en la casa,
qué pasa en la economía
que la frente no levanta,
por qué sale el franco belga
a más de cuatro leandras
si estaba a menos de tres
cuando Felipe llegara,
y por qué de Europa huimos
para acercarnos al África.

¿Qué pasa con Luis Roldán?
¿Dónde se llevó la pasta?
¿De qué coco del Caribe
tiene colgada la hamaca?

¿O es que está de bacanal
con las sirenas atlánticas,
en un acuático lecho
sobre un almohadón de algas?
¿Qué fue de Mariano Rubio,
de su primo y de su hermana,
y del amor uruguayo
donde encontrara posada?
¿Qué sorpresa de herrería
o qué susto de ferralla
le dio Paco Palomino,
el marido de su hermana?
¿Y qué pasa con el «Gal»?
¿Quién es la Equis, caramba?

Pero el reciente doctor
no quiso decir palabra.
Ya se sabe que las moscas
no entran en boca cerrada.
Suspendieron la reunión
que tenían anunciada.
Quedaron los estudiantes
in albis de lo que pasa,
o como santo Tomás
dice, *quam tabula rasa.*
Y no faltaron algunos
que al ver luces tan escasas
en el ilustre meollo
del presidente de España,
dijeran: «Este doctor
es doctor *jocandi causa*.
Más que jefe de gobierno
y líder de los sociatas
será de aquí en adelante
el tontaina de Lovaina.»

(COPE, 3 de febrero de 1995.)

Romance del ministro panoli

España tiene un ministro,
qué ministro tiene España.
Puesto a tragarse mentiras
traga trolas y macanas,
y le llaman ya en Europa,
por lo mucho que se traga,
tragabolas, tragasables,
tragafilfas, tragaldabas,
tragacuentos, tragatimos,
tragafaxes, tragatrápalas.
Es tan cándido de espíritu
y es de ánima tan cándida,
que lo cogen dos curritos
en la ciudad sevillana,
y le venden al contado
la torre de la Giralda.
O llega un banderillero
con la cintura de caña
y le firma una escritura
vendiéndole la Maestranza.
Se le acercan dos sochantres
hablando en latiniparla,
le enseñan un fax de Roma
con un membrete del Papa,
y le venden por correo
santa María Egipcíaca,

san Juan de Letrán, a plazos,
y san Pedro, de rebajas.

¡Qué ministro tan panoli,
qué pardillo, Virgen Santa!
Es don Alberto Belloch
ministro de gran garganta,
como la de esas serpientes
que se comen una vaca
y se echan después la siesta
durante veinte semanas.
Le cuentan que Luis Roldán
vive en el sudeste de Asia,
le mandan los documentos
escritos como en el agua,
firma que a la del ministro
es como huevo a castaña,
y un sello que algún chinito
improvisó esa mañana,
y a pies juntillas lo cree,
como si fuera el Ripalda,
a todo dice que sí
y empieza a soltar telángana.
Los dineros que soltó
es materia reservada,
aunque ya avisó el ministro
que esa no es cosa barata.

Que Paesa anduvo por medio
parece cosa probada,
y si Paesa no fue,
sería su prima hermana.
Fuera quien fuere el del timo,
hay que decir que es un águila,
que se la ha dado con queso
a Belloch y a su comparsa,
a los chinitos de Laos
que no están en la pomada,
al comando operativo,
el jefe y los cuatro guardias,

incluido el karateca,
que no sé allí qué pintaba,
a Luis Roldán, que de lleno
se ha zambullido en la trampa,
a los miembros diplomáticos
destacados en Tailandia
que todavía estarán
con la boca abierta, en Babia,
y a ese laosiano doctor
que Hui dicen que se llama,
tal vez porque eso dijimos,
¡huy!, cuando nos informaba.

Como el ministro panoli
Belloch a la Historia pasa,
panoli, simple, pardillo,
zambombo, gilí, bambarria,
correlindes, tiracantos,
tuercebotas, majagranzas,
cazador de gamusinos
y pagador de fantasmas,
y dará la vuelta al mundo
por juzgados y embajadas
su fama desternillante
de Gran Membrillo de España.

(COPE, 3 de marzo de 1995.)

Romance de la Margarita

Margarita, Margarita,
de los campos blanca flor,
deshojada por amantes
que tienen dudas de amor,
una hoja me dice sí,
otra hoja me dice no.
¿Quién te arrancó de los prados
y te plantó en Interior?
¿Quién te llevó al Ministerio
junto al ministro Belloch,
cual secretaria de Estado
metidita en un jarrón?
¿Te deshojaba el ministro
en sus horas de emoción,
cuando a Roldán se traían
desde el lejano Bangkok?
¿Traerán a Roldán, que sí,
traerán a Roldán, que no?
¿Se meterá voluntario
Roldán en el avión,
o intervendrá el karateka
y le dará un empujón?
¿Llamarán secuestro a esto,
o más bien extradición?

Dime linda Margarita,
pétalo de muda voz,

¿a quién mandaba el ministro
el fax que nunca llegó,
al comisario Maigret
o al cachondo de James Bond,
al chinito Charlie Chan
o al belga Hércules Poirot?
¿Con quién el ministro cruza
faxes de tanto valor,
con Caperucita Roja
o bien con el Rey León?
¿Le has dicho ya a tu ministro
que a los niños, corazón,
ni la cigüeña los trae,
ni salen bajo una col,
ni los fabrica en París
el modisto Christian Dior?
¿Cuántas hojas Juan Alberto
de tu corola arrancó
antes de decir que sí
a aquella proposición
que redactara en francés
un gabacho de Alcorcón?
¿Cuánto le pagó a Paesa,
el golfo que intermedió,
por pergeñar el apaño
y amasar la operación?
¿Dieron el nombre de «Luna»
a aquella combinación
porque a la luz de la luna
Paesa lo engatusó?
Margarita, Margarita,
oh, cuánta interrogación,
demasié para tu cuerpo
de pequeña y tierna flor.

Que venga Rubén Darío
a contarte con primor
el cuento de la princesa
que a Margarita contó,
princesita que soñaba

con tener un prendedor
decorado con la pluma,
con el verso y con la flor,
con la estrella que en la noche
lanza tierno resplandor.
En el cuento que te cuenta
don Juan Alberto Belloch
no sale ninguna estrella,
ninguna constelación,
sólo aquella gabardina
de color azul mahón
con que Roldán se cubría
el día en que se entregó,
pues tenía el aeropuerto
mucha refrigeración.
El aire acondicionado
es un peligro mayor
en países donde siempre
hace bastante calor.
No hablo de otra Margarita
que también Rubén cantó,
que gustaba de camelias
y tuvo mal el pulmón,
porque por mucho lirismo
que lleve la narración,
al final, la muchachita
era más bien un putón.

Margarita, Margarita,
blanca y delicada flor,
siendo flor de campo abierto,
¿por qué estás en Interior?
¿No ves que puede mustiarse
tu tierno y albo color,
y puedes perder aroma
en trabajo tan atroz?
Del capitán Khan te libre
santo de tu devoción,
que siempre trajeron Khanes
muy grande tribulación,

y de un capitán rijoso
tuvo que vengar su honor
el alcalde Pedro Crespo
según contó Calderón.
Si ese capitán fantasma
a todos se la pegó,
y un lunes hablaba inglés
como nacido en Londón,
y el martes habló en pichinglis
o en andaluz de Morón,
¿en qué lengua te hablaría
o te hará declaración
si te pilla en un pasillo
o en algún patio interior,
siendo tú tan delicada
y siendo él tan bribón?

A Fausto una Margarita
le buscó la perdición,
una Margarita rubia
como un trigal bajo el sol,
que Mefistófeles puso
al alcance del doctor,
según nos contaba Goethe,
aquel famoso teutón,
que no se lo salta un galgo,
ni un gitano, ni un Pujol,
con ser mucho lo que salta
el catalán saltador.
Siempre hay una Margarita
en cualquier complicación,
y en esta cachonda historia
de suspense y de risión,
eres tú la Margarita
que sale en la procesión.

Margarita, Margarita,
pequeña como un lirón,
tierna boquita de risa,
en la mejilla el rubor,

bajo fina piel de seda,
acero tu corazón,
ni la fiera monja alférez,
ni Agustina de Aragón,
ni la Massielona aquella
que quería un batallón,
pueden mojarte la oreja
en demostrar el valor,
pero deja que estas guerras
las escachifolle Alborch.
Piropo del Arcipreste,
sonrisa de cañamón,
olvídate de roldanes
y de otra caza mayor,
busca prados más tranquilos
en los que ofrecer tu olor,
que te has metido en la selva
donde ya es mucho el fragor,
y a tu ministro lo tienes
herido sin remisión,
como ciervo vulnerado
por un venablo traidor.
Si no sales deshojada
será milagro de Dios.

Índice onomástico

TEXTOS ESCOGIDOS
Títulos publicados

Alfonso Ussía, *Del Humor, del Amor y de la Ira*

Elena Ochoa, *Fantasmas cotidianos*

José María Carrascal, *Comentarios*

Víctor Márquez Reviriego, *Un mundo que se va...*

Francisco Umbral, *Mis placeres y mis días*

Jaime Campmany, *El libro de los romances*

Martín Prieto, *Cartas a Mujeres*